누구나 N잡러가 될 수 있다

N잡러개론

N잡러학과장 **우희경** 지음

국내 최초
본격 N잡러 교과서

N잡러 개론

1판 1쇄 인쇄 2023년 10월 10일
1판 1쇄 발행 2023년 10월 16일

지은이 우희경

발행인 김영대
펴낸 곳 대경북스
등록번호 제 1-1003호
주소 서울시 강동구 천중로42길 45(길동 379-15) 2F
전화 (02) 485-1988, 485-2586~87
팩스 (02) 485-1488
홈페이지 http://www.dkbooks.co.kr
e-mail dkbooks@chol.com

ISBN 978-89-5676-992-9 03320

프롤로그

N잡 레시피! 대공개

최근 몇 년 사이, 부의 유리천장이 깨졌습니다. 과거에는 경험치가 충분한 4050 중심으로 부자들이 탄생했다면, 지금은 2030 세대의 젊은 부자들도 심심치 않게 볼 수 있습니다. 젊은 나이에 부의 추월차선에 올라탄 이들의 특징은 변화에 유연하고, 새롭고 이색적인 것을 추구한다는 점입니다. 그뿐만 아니라 휴대전화나 인터넷 등 디지털 환경에 친숙하고 이를 잘 활용합니다. 우리 사회는 이들은 'MZ세대'라고 불렀습니다. 1980년대 초~2000년 초에 출생한 '밀레니얼 세대'와 1990년대 중반부터 2010년 초반 출생한 Z세대를 아우르는 용어라고 할 수 있습니다.

이들은 어릴 때부터 인터넷 환경에 노출된 탓에 각종 '미디어'에 친숙하고, 새로운 지식도 쉽게 습득하는 특징이 있습니다. 덕분에 유튜브, 블로그, 인스타그램, 틱톡 등 소셜 미디어에서 두각을 나타냅니다. 또한 하나의 직업에 머무르지 않고, 자신의 관심 분야를 중심으로 직업의 확장도 잘 해냅니다. 이들을 중심으로 몇 해 전부터 〈N잡러〉, 〈디지털노마드〉는 하나의 트렌드가 되었습니다. 앞으로 다가올 제4차 산업혁명 시대에도 이러한 추세는 계속될 것으로 보입니다.

인터넷과 AI의 발달로 직업의 수명은 더욱 짧아지고 있습니다. 이미 대형마트의 온라인화는 일상이 되었습니다. 쿠팡은 매장 하나 없이도 생필품 판매 최대 매출 신화를 매년 갱신하고 있습니다. 제1금융권 은행은 지점 상담 창구를 없애고, 온라인 상담에 주력하는 것으로 시대 변화에 대응하고 있습니다.

앞으로 다가올 제4차 산업혁명 시대, 급진적으로 발전할 사회에 가장 빠르게 대처하는 것은 기업입니다. 글로벌 기업에서 대기업으로, 대기업에서 중견기업 순으로 점차 대응책을 마련해 나갈 겁니다. 이처럼 시대의 변화는 개인의 일자리를 위협하는데, 아이러니하게도 인간의 수명은 점점 늘고 있습니다. 우리는 지금 100세 시대를 바라보며 살아가고 있습니다. 평생 직업이라는 말은 이제 옛말이 되었습니다. 긴 사회활동 동안 못해도 2~3개 이상의 직업을 경험하게 됩니다. 이처럼 변화막측한 시대에 기업이라면 자본과 인력 시스템을 갖추고 있어 변화에 대응할 수 있지만, 개인이라면 어떻게 해야 할까요? 개인도 마찬가지로 시대의 요구에 맞게 적응하고 미래를 준비해야 합니다.

N잡러는 이러한 시대 변화에 적응하며 살아가야 하는 사람들의

니즈가 적절하게 융합되어 탄생했습니다. 생존의 무기인 셈이죠. 디지털 환경에 익숙한 MZ 세대가 N잡러 트렌드를 선도했습니다. 대부분의 N잡러는 하나의 안정적인 직업을 유지하면서, 또 다른 수입 창구를 만들어 냅니다. 혹은 처음부터 여러 개의 확장 가능한 직업을 준비합니다.

저는 책 쓰기 코칭과 퍼스널 브랜딩 코칭을 통해 한 사람이 본 캐릭터를 유지하며, 부캐릭터를 만들어 다양한 수입원을 만들 수 있도록 도와주는 일을 하고 있습니다. 그러면서 평범한 직장인이 강사·상담가로, 경력 단절 여성이 기업 강사, 유튜버로 성장하는 모습을 직접 눈으로 봐 왔습니다. 그 결과 누구나 제대로 된 방법만 알면 N잡러로 성장할 수 있다는 확신을 가졌습니다.

그래서 이 책을 통해 지난 몇 년간 축적해 온 노하우를 풀어 보기로 했습니다. 단순히 'N잡러로 성장할 수 있다'는 동기부여를 넘어 누구나 N잡러로 성장할 수 있는 '방법론'에 초점을 맞췄습니다. 즉 〈N잡러 비법서〉인 셈이죠. 뜬구름 잡는 모호한 이야기가 아니라 실제로 평범한 사람을 N잡러로 성장시켰던 사례를 바탕으로 현실적이고 기술적인 부분에 중점을 두었습니다. 더불어 실전에서 바로 적용할 수 있는 도구 활용법도 함께 담았습니다. 이 책을 통해 아무리 찾아봐도 해소되지 않았던 궁금증이 해결되었으면 좋겠습니다.

“이 책을 읽고 N잡러가 되었어요.” “N잡 레시피 대박!”이라는 말이 많이 들렸으면 좋겠습니다. 그러면 이 책을 멘토 삼아 하나씩 따라 할 준비가 되셨나요? 근사한 N잡러로 성장할 미래의 ‘나’를 상상하며 이제부터 N잡러개론 시작하겠습니다.

2023년 9월

N잡러 학과장

우희경

Contents

제2학기

누구나 N잡러가 될 수 있다

N잡러개론

SEO
IT

【제1학기】

제1장 전공필수 1

N잡러개론 : 왜 N잡러인가

N잡러의 정의

요즘 유튜브에는 N잡러 관련 영상이 매우 많습니다. 초등학생부터 시니어까지 자신의 재능을 뽐내며 돈을 벌고 있습니다. 이들의 직업은 한두 개가 아닙니다. 어떤 잘나가는 유튜버는 스마트스토어를 운영하면서 동시에 블로거이자, 유튜브 채널을 운영하고 있어요. 몇 달 뒤에는 또 책을 썼다고 홍보하기도 합니다. 하나도 제대로 해내기 어려운데, 이런 사람들은 몇 가지 일을 혼자서 해냅니다.

몇 해 전부터 SNS에서 N잡러라는 말이 유행처럼 번졌습니다. 인플루언서를 넘어 N플루언서라는 말까지 들려옵니다. 하나의 직업만으로는 먹고살기 힘든 이 시대, N잡러는 이제 선택이 아닌 필수가 되어 버렸습니다.

과거에도 분명 투잡족, 쓰리잡족이 있었습니다. 하지만 요즘 사람들이 말하는 N잡러는 왠지 조금 더 세련되게 일을 하는 사람처럼 보입니다. 미래학자나 트렌드 분석가들은 100세 시대에 대비하는 하나의 수단으로 N잡을 꼽습니다. 도대체 N잡이 뭐길래, 현대인의 필수 전공처럼 되어 버렸을까요? 안 그래도 트렌드의 변화가 빨라서 따라가기조차 힘든데 말이죠.

간단히 말하면 N잡러는 이렇게 정의할 수 있습니다.

N	+	JOB	+	ER
(두 개 이상의 복수)		(직업)		(사람을 뜻하는 러(er) 접미사)

N잡러는 말 그대로 하나가 아니라 두 개 이상의 직업을 가진 사람을 말합니다. 직업이 두 개 이상이라는 의미에서 투잡족, 쓰리잡족과도 언뜻 비슷해 보입니다. 그러나 N잡러는 자신만의 고유 콘텐츠를 기반으로 해서 직업이 여러 개로 파생된 사람들을 뜻합니다.

이를테면 A씨는 처음에 자신의 재테크 노하우를 블로그와 유튜브에 올렸습니다. 그랬더니 블로거가 되었고, 유튜브 크리에이터가 되었습니다. 나만의 고유 재테크 비법을 세상에 알렸을 뿐인데, 어떤 기업에서 강의해달라는 의뢰가 들어왔습니다. 그렇게 우연한 기회에 강사가 되었습니다. 강의가 만족스러웠는지 이번에는 온라인 교육 플랫폼에서도 연락이 왔습니다. 그곳에서는 그의 강의 콘텐츠를 온라인 강의로 만들고 싶어 했습니다. 한 달 정도 영상을 찍고, 편집해서 온라인 교육 플랫폼에 팔았습니다. 이렇게 온라인 강사가 되었습니다.

여러 강의안을 만들다 보니, A씨는 자신의 콘텐츠를 책으로 남기면 좋을 것 같다고 생각합니다. 몇 개월 열심히 원고를 써서 책을 출간했습니다. 이번에는 사람들이 A씨에게 컨설팅을 요청합니다. 적당한 상담 금액을 책정하고 컨설팅을 해 주다가, 전문 컨설턴트가 되었습니다. 컨설팅만으로는 부족한 사람들을 위해 본인이 원하는 결과물이 나올 때까지 코칭을 해 줍니다. 그렇게 A씨는 또 코치가 되었습니다. 한순간에 인생을 바꾼 신데렐라 이야기처럼 느껴지나요? 이런 일은 현재 우리 주변에서 비일비재로 일어나고 있습니다.

이렇게 A씨는 하나의 콘텐츠를 시작으로 블로거, 유튜브 크리에이터, 강사, 강연가, 작가, 컨설턴트, 코치가 되었습니다. 분명 시작은 하나의 콘텐츠였지만, 시간이 흐르면서 그의 전문성은 확고해졌고, 사람들이 찾아와 상담하는 수준에 이르렀습니다. 한 분야를 깊이 있게 공부하고 오랜 시간 공을 들여 만든 콘텐츠가 있었기에 A씨는 한 분야의 전문성을 기반으로 파생된 직업이 7개가 되었습니다. 남의 이야기가 아닙니다. 누구나 가능한 이야기입니다. 단 일정 기간 집중에서 공부하는 시간이 필요할 뿐입니다.

이 책을 읽고 있는 독자분들도 N잡러에 매력을 느끼셨나요? 그렇다면 일단 마음부터 먹어야 합니다. '나도 N잡러가 되어야겠다'라고요. 그리고 절대 포기하지 않고 굳건하게 밀고 나가면 됩니다. 시작이

반이잖아요.

만약 내가 지금 일을 놓은 지가 꽤 오래되어 일하는 감을 잊어 버렸다 할지라도 걱정하지 마세요. 오늘부터 다시 시작하면 됩니다. 새로운 것을 공부하고, 자신만의 전문성을 찾는 일부터 시작해 보세요. 이미 사회생활을 했던 경험치가 있고, 또 살면서 배운 지혜도 있으니까요. 그래도 자신감이 안 생기신다고요?

그렇다면 최근에 제 수업의 교육생으로 들어온 분 이야기를 해 드릴게요. 저는 자신의 본 캐릭터 외에 직업의 확장을 원하시는 분들에게 책 쓰기와 퍼스널 브랜딩 코칭을 통해 작가와 강연가로 활동할 수 있도록 돕는 일을 하고 있습니다.

K씨를 만난 건 책 쓰기 수업 때였습니다. 그녀는 경력 단절 7년차 주부였습니다. 과거에 학원 강사를 했던 경력이 있지만 세 아이를 낳고 키우는 과정에서 자연스럽게 경력이 단절되었습니다. 세 아이를 키우려니 남편의 월급만으로는 부족함을 느끼고 아르바이트부터 다시 일을 시작했습니다. 단순 아르바이트를 하면서 이런 일은 경력에 별 도움이 되지 않는다는 사실을 깨달았습니다.

K씨는 큰마음 먹고 공부방을 창업했습니다. 오만 가지 시행착오를 거치면서 결국 교습소 창업에 성공했죠. 이에 용기를 얻은 K씨는 교습소를 홍보할 목적으로 블로그를 시작했습니다. 블로그를 통해서 자신의 교습소 원생 모집에 많은 도움을 받았습니다. 그러면서 교습

소를 창업한 원장님들에게 도움을 주고자 학원장들을 위한 블로그 마케팅 콘텐츠를 공유했습니다.

그 후에는 블로그 마케팅 강의를 시작하게 되었고, 자연스럽게 블로그 코치가 되었습니다. 블로그 코칭을 하면서 알게 된 다른 원장님들과 협업하며 교재 집필을 기획하고 마케팅 일도 병행하게 되었습니다. 지금은 자신의 이야기를 책으로 써서 작가가 되었습니다. 진정한 N잡러로 성장하게 되었죠.

그런 그녀도 시작은 미미했습니다. 그래도 하고자 하는 의지가 있었고, 의지에만 그치지 않고 도전할 용기도 있었습니다. 모르는 것이 있으면 하나씩 배워나갔고, 빠르게 변하는 트렌드에 적응하면서 자신의 직업 범위를 넓혀 갔습니다. 만약 그녀가 처음부터 '내가 과연 성공할 수 있을까?'하고 의구심을 가졌다면 어땠을까요? 지금의 그녀는 없었을 겁니다.

지금 N잡러로 활동하고 있는 분 중에는 예전과는 전혀 다른 일을 하거나 취미부터 시작하여 일을 확장하신 분들도 많습니다. 공통점이 있다면 사회의 흐름에 맞게 차근차근 자신만의 콘텐츠를 쌓았다는 점이죠.

이처럼 N잡러는 아주 대단하거나 도전하지 못할 분야가 아닙니다. 단지 아직 몰라서 못 했을 뿐입니다. 저의 교육생 중에서도 이미 많은 분이 N잡러로 살고 있습니다. 그분들도 처음에는 아무것도 모르는 상태였습니다. 그러나 과감하게 도전했고, 지금은 작가/강사/디지털 크리에이터/컨설턴트로 성장해 나가고 있습니다.

아직도 N잡러가 부담스러우신가요? 모든 것이 설레고, 열정이 많았을 스무 살 무렵의 마음가짐으로 돌아가 보세요. 겸손하게 세상을 배우면서 사회에 나갈 준비를 했던 그 시절 말이죠.

저는 N잡러의 정의를 새롭게 하고 싶습니다. 단순히 여러 개의 직업을 가진 사람이 아니라, 자신의 세계를 창조하는 사람들이라고 말이죠. 없던 직업도 충분히 창조할 수 있습니다. 무한한 가능성이 있는 세계가 바로 N잡러의 세계입니다.

왜 N잡러인가

사람마다 일을 하는 이유야 다양하겠지만, 가장 중요한 이유는 일이 생계의 수단이기 때문입니다. 일을 함으로써 먹고 사는 문제를 해결할 수 있습니다. 그다음으로는 자기 적성을 살리기 위해 일을 하는 경우도 있습니다. 또 자아실현을 위해 일을 하기도 합니다.

이처럼 사람의 성향에 따라 일을 하는 이유는 제각각입니다. 자신의 핵심 가치에 따라 일을 선택하는 기준도 다릅니다. 일을 하는 이유 중 많은 부분을 차지하는 것이 바로 '돈'입니다. 돈으로 주어지는 보상이 없다면 동기는 현저히 떨어질 수밖에 없습니다. 삶을 영위하기 위해 '돈'은 직업을 선택하는 중요한 기준이 됩니다. 그러나 돈만 보고 일을 선택한다면 생활은 윤택해도 삶은 불행해질 수 있습니다.

만약 돈도 벌고, 자기 적성과도 잘 맞고, 일과 삶의 균형을 지킬 수 있는 일이라면 어떨까요? 내가 선택한 일이 돈, 적성, 자아실현,

워라밸까지 챙길 수 있다면 어떨까요? 안 할 이유가 없습니다.

앞서 저는 N잡러의 새로운 정의로 '자신의 세계를 창조하는 사람들'이라고 했습니다. 저의 정의대로 라면 나의 적성에 맞는 직업을 만들고, 돈도 벌 수 있습니다. 나의 스케줄에 따라 일하면 되니 워라밸도 가능하지요. 나의 직업을 스스로 만들 수만 있다면 자아실현은 덤으로 얻게 됩니다. 불가능한 일이라고 생각되시나요? 하지만 N잡러의 세계에서는 충분히 가능한 일입니다.

다니엘 핑크는 그의 저서 《새로운 미래가 온다》에서 앞으로 하이 콘셉트 · 하이 터치 시대가 올 것이라고 예견했습니다. 그는 정보와 지식 중심 사회에서 스토리와 감성을 중시하는 사회로 변할 것이라고 했습니다. 시대의 변화는 항상 새로운 인재상을 만들어 냈습니다. 제3차 산업혁명 시대가 도래하면서, IT 기술에 능한 사람들이 주목받은 것처럼요. 그렇다면 앞으로 콘셉트와 감성이 중시되는 세상이 되면 인재상은 어떻게 변할까요? 여러분의 예상대로 자신만의 확실한 콘셉트가 있고, 감성을 겸비한 사람이 새로운 인재가 될 것입니다. 그런 면에서 N잡러는 직업의 대안이면서 미래의 인재상입니다.

과거에는 대학 전공 하나로 평생을 먹고 살 수 있었습니다. 대학에서 4년 동안 배운 지식만으로도, 한 기업에 들어가 퇴직할 때까지 써먹는 데 아무 문제가 없었습니다. 하지만 지금은 아닙니다. 20대에 배웠던 지식이 평생 먹거리를 보장해 주지 않습니다. 끊임없이 새로운 지식과 정보를 습득하고, 배운 것을 자신의 것으로 재창조해야 합니다. 앞으로는 제2의 전공, 제3의 전공을 준비하고 갖추는 것이 생존의 무기가 됩니다.

N잡러는 하나의 전공에서 파생하지만, N잡러로 성공하려면 다양한 지식과 기술을 습득하고 그것에 걸맞은 전문성을 갖춰야만 합니다. 대학에서 배운 제1의 전공뿐만 아니라, 사회에서 습득한 여러 개의 복수전공이 융합될 때 비로소 빛을 발하게 됩니다.

N잡러가 되려면 전공 분야의 전문지식도 중요하지만, 수많은 전공자 중에서 경쟁 우위에 서서 시장성을 확보할 수 있어야 합니다. 그때 필요한 것이 바로 스토리입니다. 스토리를 구성하려면 인물, 장소, 사건이 있어야 합니다. 이는 스토리 구성 3요소로 N잡러 본인이 이야기로 하나의 서사를 만들어 갑니다. 즉 스토리가 있는 전공자가 되어야합니다. 왜냐하면 앞으로 이 사회가 점점 더 자동화·기계화될수록 사람들은 인간만이 지닐 수 있는 '감성'에 목마를 수밖에 없습니다.

사람들의 감성을 채워 줄 수 있는 것은 '나만의 스토리'입니다. 이를 반영하듯 과거와는 달리 창업가들의 스토리가 있는 기업을 좋아합니다. 예를 들어 페이스북의 창립자 마크 저커버그는 대학교 시절, 대학에서 친구들과 온라인을 통해 소통하는 공간을 만드는 것을 시작으로 지금의 거대한 기업 페이스북을 만들었습니다. 한 청년의 반짝이는 아이디어는 교내에만 그치지 않고, 글로벌 소셜 미디어를 만들어 냈습니다. 그의 스토리에 사람들은 더 열광합니다.

개인도 마찬가지입니다. 거대한 사회 속의 작은 존재인 개인도 탄탄한 스토리를 지니고 있다면 사람들은 그의 스토리에 공감하고 감동합니다. 그 사람 자체에 관심을 두게 됩니다. N잡러는 사람의 인성을 바탕으로 전문성을 쌓아 갈 때 경쟁력이 있습니다. 이때 사람들에게 어필하기 좋은 것이 바로 스토리입니다. 이는 다니엘 핑크가 제시한 대로 새로 다가올 미래에 필요한 스토리와 감성을 지닌 인재상과 유사합니다.

또한 N잡러는 LTE 급으로 빠르게 변하는 사회에 발맞춰 나가기에 적합한 직업군입니다. IoT(사물인터넷), 인공지능, ChatGPT 등 하루가 멀다고 변화하는 사회에서 트렌드에 발맞춰 나가는 것은 실로 어려운 일입니다.

이미 인공지능은 여러 사람의 일자리를 빼앗아 갔습니다. 우리 주변만 보더라도 쉽게 알 수 있습니다. 셀프주유소의 등장은 주유원의 일자리를 대체했습니다. 키오스크의 등장은 수많은 직원과 계산원의 일자리를 없앴습니다. 은행 앱의 상용화는 단순한 은행 업무를 대신

해줌으로써 은행 창구의 직원들이 더 이상 필요 없게 만들었습니다. 구글이 제공하는 번역 서비스는 많은 번역가의 밥벌이를 위협하고 있습니다.

이제 단순한 지식과 노동력만 필요한 일자리는 인공지능에 의해 대체될 수밖에 없습니다. 이미 가지고 있는 기술이나 지식만으로는 자신의 일자리를 지킬 수 없습니다. 다양한 기술을 습득하고 거기에 나만의 전문성과 스토리가 입혀질 때 변화하는 사회에서 도태되지 않고 살아남을 수 있습니다.

N잡러는 다양한 수입원을 스스로 만들어 가는 사람입니다. 만약 하나의 수입원에서 만족할 만한 결과를 내지 못하거나 위협적인 경쟁 상대가 나타나더라도, 또 다른 직업을 통해 그 수입을 대체할 수 있습니다. 이처럼 변화무쌍한 이 시대에 발 빠르게 대처할 수 있는 것이 바로 N잡러입니다.

지금처럼 N잡러가 대세가 된 데에는 또 다른 원인이 있습니다. 바로 불안한 사회환경입니다. 고물가, 고금리, 인플레이션 시대이기에 하나의 직업을 통해 들어오는 수입으로는 높은 집값과 물가, 높은 대출 금리를 감당할 수 없습니다. 그에 반해 월급이 오르는 속도는 왜 이렇게 더딘지요? 한 가계의 소득원이 한 사람의 월급뿐이라면 가계 경제는 금방 무너질 수밖에 없습니다. 우리 부모님 세대는 남편이 한 직장에서 돈을 벌고, 아내가 아이들을 키우며 아끼고 절약하면 은행이 주는 높은 이자만으로도 아이들 공부시키고, 노후까지 준비할 수 있었습니다. 그때는 지금만큼 집값도 비싸지 않아, 내 집 마련에 대한 어려움도 없었습니다. 지금은 어떤가요? 아파트 한 채가 10억 하는 시대입니다. 사립 대학교의 한 학기 등록금은 500~600만 원이 듭니다. 연봉 5,000만 원 정도의 월급으로는 평생을 모아도 아파트 한 채도 소유하기 힘듭니다.

이러한 시대에 더욱 적극적으로 발 벗고 다양한 수입원에 관심을 가져야 합니다. 물론 예전과는 다른 방식으로요. 이제는 재취업에 목숨을 걸 필요가 없습니다. 자신의 전공을 다시 공부하고, 스토리를 만들어 보세요. 그것을 콘텐츠로 만들고, 나만의 콘텐츠로 시장과 거래할 수 있는 경쟁력을 갖추면 됩니다. 그리고 세상과 공유해 보세요. 정당한 대가를 받을 수 있을 때까지요.

다가올 미래를 생각해 봐야 합니다. 변화하는 시대에 빠르게 적응하고 나의 전문성을 살리며, 더불어 여러 개의 수입원을 만들 수 있는 것이 바로 N잡러입니다. 그래도 N잡러를 준비하지 않을 이유가 있겠습니까?

제2장 교양필수 1

현재사 개론 : 세상 트렌드 읽기

트렌드와 라이프스타일은 계속 변화한다

왜 요즘 사람들은 유튜브를 보고, SNS 속 인플루언서에 열광할까요? 우리는 아주 자연스럽게 카카오톡으로 대화를 나누고, 스마트폰으로 은행 업무를 봅니다. 스마트폰 속의 마켓들을 살피며 마음에 드는 옷과 화장품도 구매합니다. 마트에 가서 장을 보는 대신 온라인 마트에서 주문하면 집까지 배달됩니다. 지금은 이런 것이 일상이 되었지만, 알고 보면 이런 라이프 스타일은 10년 전에는 꿈도 못 꿀 일이었습니다.

과거에는 시내에 있는 핫 플레이스에서 친구를 만나 수다를 떨다가 인근 쇼핑센터나 백화점으로 쇼핑하러 갔습니다. 거기서 여러 군데 가게에 들러 이것저것 비교를 해 보고 옷이나 화장품을 구매했습니다. 큰돈을 이체하거나 펀드 상품 하나에 가입하려고 해도, 반차를 내고 은행에서 한 시간씩 기다리면서 은행 업무를 봐야 했습니다. 하지만 지금은 다릅니다. 대부분의 일상이 온라인에서 이루어집니다.

우리는 언제부터 모든 일상생활이 온라인에서 가능한 사회에서 살게 되었을까요? 이처럼 과거에 없던 직업의 형태인 N잡러의 등장을 이해하려면 우리는 인류 문명의 발달에 주목해야 합니다. 인류는 끊임없이 변화하며 진화했습니다. 인류의 역사는 시대를 선도하는 새로운 발견과 발명으로 격변의 시기를 맞이했습니다. 이러한 급진적 변화를 우리는 '혁명'이라고 부릅니다. 인류는 그동안 오랜 시간에 걸쳐 여러 '혁명'을 경험했습니다.

18세기 인류는 증기선, 증기기관차의 발명으로 제1차 산업혁명을 맞이하게 되었죠. 덕분에 물류의 유통이 훨씬 빠르고 편리해졌습니

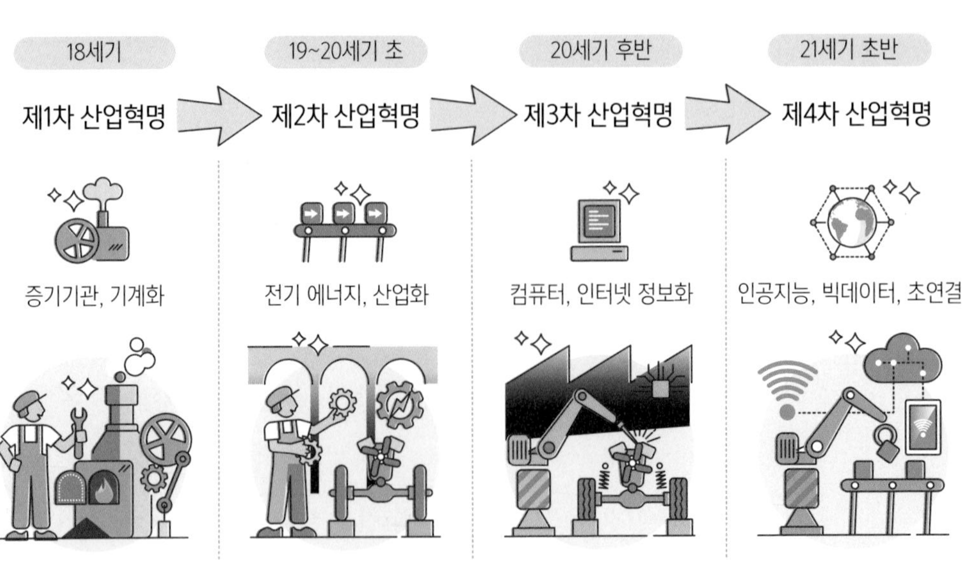

산업혁명의 시기와 특징

다. 다른 나라, 혹은 다른 지역으로의 물류 유통이 빨라지면서 이 시기에는 물류, 유통 관련 산업이 크게 발달합니다. 그다음에 다품종 대량 생산이 가능한 기계화가 시작되었습니다. 수공으로 만들었던 많은 물건이 공장화·기계화 덕분에 대량으로 쏟아져 나왔습니다. 이 시기부터 본격적으로 도시화가 시작되었습니다. 돈이 몰리는 곳에 사람들이 일자리도 늘어났기 때문입니다.

1900년대 후반부터 2000년 초반에 갑자기 세상에 없던 것들이 생겨나기 시작합니다. 바로 월드와이드웹(www)입니다. 다음, 네이트, 네이버 같은 포털사이트를 통해서 전 세계의 뉴스를 한눈에 볼 수 있게 되었습니다. 우리는 이런 변화를 제3차 산업혁명이라고 불렀습니다. 제3차 산업혁명이 가져온 것은 '온라인화'입니다.

특히 2000년대 중반에 개발된 '아이폰'으로 인해 월드와일드웹(www) 세상은 컴퓨터에서 스마트폰으로 옮겨졌습니다. 손쉽게 스파트폰을 조작하는 것으로도 우리는 많은 일을 처리할 수 있습니다. BI(Before I-PHONE) 세상과 AI(After I-PHONE) 세상은 다른 세계라고 불려도 될 만큼 큰 변화를 가져왔습니다.

지금은 어떤가요? 여기저기서 '제4차 산업혁명 시대'라고 외쳐댑니다. 그러면 제4차 산업혁명 시대는 이미 왔을까요? 아직 성숙 단계까지는 오지 않았습니다. 지금은 제3차 산업 혁명에서 제4차 산업혁명 시대로 가는 초입 단계라고 할 수 있습니다. 제4차 산업혁명 시대에는 사물인터넷*(IOT)*, 인공지능*(AI)*, 증강현실*(VR)*, 메타버스, ChatGPT가 우리 일상의 많은 부분을 차지하게 될 것으로 보입니다.

N잡러는 이렇게 변화하는 시대의 요구에 의해 탄생했습니다. 지금도 AI가 대체할 수 있는 직업군들은 일자리를 잃고 있는데, 제4차 산업혁명 시대가 오면 과연 어떨까요? 경쟁력이 없는 한 개인은 다른 경쟁자가 아니라 인공지능에 일자리를 내주어야 합니다. 다시 말해 인공지능에 일자리를 뺏기지 않기 위해, 또 경쟁력을 갖춘 개인이 되기 위해 다양한 일을 해내는 N잡러가 탄생한 겁니다.

시대의 변화는 피할 수 없습니다. 내가 원하지 않는다고 진화가 멈추지는 않습니다. 인간의 본능 중 하나가 더 나은 삶을 추구하는 겁니다. 더 편리하고 효율적인 시스템을 원하는 사람들이 있는 한 4차 산업혁명 시대는 물론 그 이상의 시대는 오게 되어 있습니다.

그렇다면 우리 개인은 어떻게 변해야 할까요? 간단하게 답을 말씀드리면 바로 '슈퍼 개인'이 되어야 합니다. 이제는 한 우물을 파던 시대가 아님을 통감하고, 하나의 전문성을 기반으로 확장하고 융합하여 더 많은 능력을 계발해야 합니다. 현재 내가 하는 일이 이런 시대의 변화에 발맞춰 갈 수 있는 미래 지향적인 일이 아니라면, 제2의 전공, 제3의 전공을 공부하고 준비해야 합니다. 그리고 '전문화' 뿐만 아니라 '다양화'에도 관심을 가져야 합니다.

N잡러의 기본은 '슈퍼 개인'입니다. 다양한 직업을 한꺼번에 소화

하고 처리하기 위해서는 다재다능해야 합니다. 에밀리 와프닉의 《모든 것이 되는 법》에서는 다능인을 '많은 관심사와 창의적인 활동 분야를 폭넓게 아우르는 사람'이라고 정의합니다. 즉 자신의 관심 분야를 하나로 규정짓지 않고, 다양한 정체성을 바탕으로 직업화하는 사람이라고 말할 수 있습니다. N잡러는 제4차 산업혁명 시대로 가는 과도기에 개인의 생존을 위한 가장 진화된 직업인입니다.

트렌드 분석가 김용섭 소장은 《프로페셔널 스튜던트》에서 미래 직업의 변화를 예측합니다. 앞으로 기업에서도 직장인들에게 겸업과 부업을 허용하는 사례가 더 많아지리라는 것이 그의 주장입니다. 이미 세계적인 글로벌 기업을 중심으로 조건부 겸업과 부업을 허용하고 있습니다. 만약 직장 일과 겸업을 허용해도 성과에 영향이 없다는 성공적인 사례가 많아진다면 다른 기업들도 유사한 방식으로 직원들에게 겸업과 부업을 허용할 수밖에 없습니다. 우리나라의 경우, 직장인의 겸업·부업 허용을 법적으로 고려하게 된다면, 더 많은 N잡러를 독려하게 될 것입니다. 이미 교사나 공무원의 유튜버 겸직 활동은 허용되고 있습니다.

직업의 미래는 언제나 시대의 변화에 따라 바뀌었습니다. 과거에는 의사, 변호사 같은 전문직의 선호도가 높았습니다. 한창 경제가 안 좋았던 IMF 시대에는 교사, 공무원이 최고의 직업이었습니다. 지금은 어떤가요? 초등학생이 되고 싶은 미래의 선호 직업 중 '유튜버'가 상위를 차지합니다. 어릴 적부터 영상 매체를 보고 자란 초등학생들은 이미 미래의 크리에이터를 꿈꾸는 시대가 되었습니다. N잡러가 된다는 것은 후배 세대에게도 긍정적인 영향을 미칩니다. 이미 앞서가는 사람을 보면서 직접 보고 배울 수 있기 때문입니다.

트렌드는 항상 변합니다. 중요한 것은 왜 그런 트렌드가 유행하는가를 알아차리는 것입니다. 남들을 따라갈 것이 아니라, 트렌드를 읽고 거기에 발맞춰 나가야 합니다. 고인 물은 언젠가는 썩기 마련입니다. 한 자리에 가만히 앉아 변화를 지켜보기만 하다가는 내가 고인 물이 될 수 있습니다. 세상의 변화를 감지했다면 지금은 그런 변화를 받아들이고, 준비해야 할 때입니다.

아무것도 할 수 있는 것이 없다고 생각하는 것이 아니라, 뭐든 하나라도 배워야겠다는 생각이 우선입니다. 시대의 흐름을 받아들이는 것에는 개인차가 있을 수 있지만, 적극적으로 수용하고 발 빠르게 대처하는 사람만 도태되지 않고 살아남게 됩니다.

변화하는 세계에서 살아남기 위한 전략

최근 ChatGPT의 등장으로 세계가 떠들썩했습니다. 지금까지 검색 엔진을 통해 검색했던 지식과 정보를 인공지능에 물어보는 것이 일상이 되는 날이 머지않았습니다. 어쩌면 가상의 공간에서 내 아바타가 수업을 듣는 일도 어색한 일이 아닐 겁니다. 메타버스 세상은 변화의 속도를 더욱 빠르고 급격하게 만들고 있습니다. 인공지능 시대 리더 양성을 목적으로 미국의 벤처투자자 벤 넬슨(*Ben Nelson*)이 세운 미네르바 스쿨(*Minerva School*)은 이미 모든 수업을 온라인으로 진행하고 있습니다. 비싼 학비에도 불구하고 세계의 인재들이 줄을 서서 기다립니다.

내가 원하든, 원하지 않든 간에 이제는 급변하는 세계에서 적응하며 살아갈 '생존 전략'을 짜야 할 때입니다. 전략이라고 해서 꼭 거창하다거나 대기업 차원의 일로 보아서는 안 됩니다. 전문직, 자영업자, 직장인, 워킹맘, 전업주부까지 모든 사람에게 생존 전략이 필요합니다.

제4차 산업혁명 시대를 맞이할 준비는 지금부터 해야 합니다. 변화의 속도가 과거에 비해 몇 배 이상 더 빠르기 때문에 조금만 방심해도 트렌드를 따라가기가 어려워집니다.

AI, 메타버스로 대표되는 세상에서 평범한 개인이 AI에 일자리를 뺏기지 않고 자신만의 경쟁력을 갖추고 살아가려면 어떤 것들이 필요할까요?

첫째, 정보와 지식을 습득하고 재해석하는 능력입니다. 과거에 배운 지식만으로는 앞으로 다가올 미래를 대비하며 살아갈 수 없습니다. 평생 공부는 이제 필수입니다. 평생 공부하는 습관 중 가장 좋은 것이 '독서'입니다. 책은 다방면의 전문가 혹은 경험자들이 쓴 살아있는 지식입니다. 책을 통해 새로운 지식과 정보를 습득하는 일은 변화에 대비하기 위한 최소한의 대책입니다. 책을 읽는 것으로 끝나는 것이 아니라 습득한 정보를 재해석해야 합니다. 그러기 위해서는 습득한 정보와 지식을 연결하고 융합하는 능력이 필요합니다. 이 능력은 앞으로 다가올 초연결·초융합의 제4차 산업혁명 시대에 반드시 필요한 능력입니다.

둘째, 자신의 전문성 확보와 스스로를 증명해 내는 능력이 필요합니다. 과거에는 자신의 전문성만 있으면 그럭저럭 먹고살기에 괜찮았습니다. 지금은 전문성을 확보하는 것은 기본이고 그것을 증명해 내야 합니다. 왜냐하면 전문성을 보는 사회적 시선이 바뀌었기 때문입니다.

10년 전만 해도 해당 분야에서 석사나 박사 학위만으로도 자신의 전문성을 충분히 어필할 수 있었습니다. 요즘에는 자신만의 전문성을 콘텐츠화할 수 있느냐 여부로 전문성을 증명합니다. 대중들은 똑같은 직군이라 할지라도 자신의 전문 분야를 효과적으로 증명해 낼 수 있는 사람을 전문가로 인식합니다. 따라서 전문성을 확보하기 위해 해당 분야에 대해 글을 쓸 수 있어야 합니다. 글쓰기 혹은 책 쓰기를 통해 자신만의 전문성을 증명해 내는 것이 필요합니다.

셋째, 자기 PR 능력입니다. 아무리 출중한 능력을 갖춘 사람이라 할지라도 재야에 묻혀 자신을 드러내지 못한다면 알아봐 줄 사람은 없습니다. 자기 PR 능력이란 자신의 재능, 능력, 전문성이 어떤 것인지, 혹은 내가 어떤 사람인지 적극적으로 알리는 능력을 뜻합니다. 만약, 세계적인 글로벌 스타 BTS가 유튜브를 통해 그들의 춤과 노래를 PR하지 않았다면 오늘날의 글로벌 스타가 되었을까요? 아닙니다. 그들은 자신들이 실력 있는 가수임을 끊임없이 PR했습니다. 하물며 평범한 개인은 어떨까요? 그럴수록 더욱 적극적으로 자기 자신을 홍보해야 합니다.

넷째, 마케팅 능력입니다. 자기 능력을 충분히 PR했다고 할지라도 능력을 세상과 공유하여 자본으로 만드는 것은 다른 능력입니다. 자신을 PR했다면 판매하는 능력을 갖춰야 합니다. 나 자신, 상품, 서비스, 아이디어 모두 괜찮습니다. 나의 능력치를 최대한 홍보했다면, 사람들이 내가 가진 것을 구매할 수 있도록 만들어야 합니다. 그래야 거래할 수 있는 상품으로서의 가치가 생겨납니다. 마케팅 능력까지 갖추었다면 조직이나 가정에 머무르지 않더라도 홀로서기를 할 수 있습니다.

다섯째, IT 활용 능력입니다. IT기술은 끊임없이 발전해 왔습니다. 오프라인 강의는 줌(Zoom)의 등장으로 온라인화가 가속화되었습니다. 가상현실과 아바타는 가상공간에서의 사람들을 만나고 소통하는 도구가 되었습니다. 그러므로 블로그, 인스타그램, 페이스북, 유튜브를 넘어 다양한 IT 관련 툴(tool)을 활용할 줄 알아야 합니다.

위에서 제시한 다섯까지 능력만 잘 갖춘다면 N잡러로서 독립적인 객체가 될 수 있습니다. N잡러가 된다면 자신의 재능이나 경험 혹은 지식을 전문화하여 다양한 직업을 스스로 만들어 가며 경쟁력을 갖춘 개인이 될 것입니다. 나의 경쟁력을 시장과 거래할 수 있도록 만들기 위해 필요한 것이 위의 다섯 가지 능력입니다. 결국 N잡러는 멀티태스킹에 능해야 합니다.

N잡러 유형과 체크리스트

최근에는 다양한 형태로 변신에 변신을 거듭한 N잡러가 많이 등장하고 있습니다. 아무래도 온라인이라는 공간이 이런 변화에 가장 큰 역할을 한 듯합니다. 이들 여러 유형의 N잡러들에게는 서로 다른 듯하면서도 공통된 면이 발견되기도 합니다. 아래 제시하는 유형을 살펴보면서 나는 어떤 유형의 N잡러로서 성장할 것인지를 생각해 보셨으면 좋겠습니다.

생계형 N잡러

생계형 N잡러는 생계 활동을 위해 일을 하다가 기회를 발견하고, 일의 범위를 확장한 경우입니다. 적성을 고려하여 일을 선택한 것은 아니지만, 최선을 다해 열심히 일을 하다 보니 잘하는 경지에 오르게 된 경우입니다. 오랜 경륜과 노력을 통해 성과를 올렸던 사람이라면 일의 확장 역시 어려운 일은 아니겠죠.

예를 들어 보겠습니다. 주부인 B씨는 남편의 월급만으로는 생활이 힘들었기에 맞벌이로 일을 시작했습니다. 그녀는 한 쇼핑몰의 보조 업무로 일을 시작했습니다. 옷을 다리고, 주문에 따라 옷을 분류하여 포장하는 일이었습니다. 단순한 일이었지만 그 누구보다 열심히 일했습니다. 경력이 쌓이면서 다림질하는 솜씨도 좋아지고, 옷을 분류하여 포장하는 시간도 짧아졌습니다.

그런 모습을 눈여겨보는 쇼핑몰 사장은 그녀에게 피팅 모델을 권했습니다. 66~77 치수의 다소 큰 체형을 위한 옷을 입고 모델을 하면 현실적인 핏에 고객이 공감할 수 있겠다는 생각에서였습니다. 그녀는 고민 끝에 제안을 받아들였고, 피팅 모델로도 활동하게 됩니다.

모델 일도 열심히 해냈던 그녀는 몇 년 뒤, 온라인 매장인 스마트스토어에 자신의 매장을 입점하게 됩니다. 그 후에는 작은 쇼핑몰의 사장이 되었고, 부캐릭터로 피팅 모델을 하게 되었습니다. 그녀는 업계에서 유명한 66사이즈 피팅 모델이 되었습니다. 지금은 초보 모델을 지도하는 일도 합니다.

처음에 쇼핑몰 직원으로 일을 시작했던 B씨는 자기 일을 확장했습니다. 이 사례가 바로 생계형 N잡러들의 유형입니다. 생계로 시작한 일을 잘하게 되면서 여러 기회로 이어졌다고 할 수 있습니다.

전문성을 기반으로 한 파생형 N잡러

전문성을 갖춘 N잡러는 한 방향으로 흘러가는 특징이 있습니다. 여기서 한 방향이란 자신의 전문성을 인정받은 후, 그와 유사한 직업들로 파생하는 유형입니다. 예를 들어 보겠습니다. 실제 저의 교육생으로 오신 분의 사례입니다. 영어 강사로 사회생활을 시작한 워킹맘 H씨는 영어 강사 일을 10년 넘게 일을 하며 자신의 전문성을 입증했습니다. 그 후에는 영어 전문 학원을 차려 학원장이 됩니다. H씨는 이에 머무르지 않고, 영어 교재를 집필하여 저자가 되었고, 그 후에는 강연까지 하게 되면서 저자와 강연가라는 직업이 더 생겼습니다.

그러다가 이번에는 영어 교재를 만드는 교육 회사까지 론칭하였습니다. 교육 콘텐츠 제작자라는 직업까지 추가가 되었습니다. 만약 이분이 요즘 트렌드에 맞춰 영어 콘텐츠를 블로그와 유튜브에 공유한다면 디지털 크리에이터로서 성장할 수 있겠죠. 이런 경우는 '영어'라는 하나의 전문성을 가지고 그 전문성과 연관성이 있는 직업으로 파생이 되는 파생형 N잡러라고 할 수 있습니다.

본캐 + 부캐형 N잡러

본캐*(본래 캐릭터)* + 부캐형 N잡러는 본캐와 부캐가 완전히 다른 유형입니다. 본래 직업은 직장인이나 취미를 개발하여 부캐를 살리면서 N잡러가 된 경우입니다.

저의 교육생으로 만난 P씨는 대기업 기획실에 근무합니다. P씨는 자신의 스트레스를 관리할 목적으로 요가를 배우기 시작합니다. 요가에 심취한 그녀는 급기야 요가 지도사 자격증을 따고 대체 강사부터 일을 배웁니다. 그렇게 본인의 클래스를 만들고, 소규모/일대일 지도를 하며 저변을 확장했습니다. 또한 본인의 흥미 거리였던 뷰티/패션 관련 콘텐츠를 만들어 블로그에 공유하기 시작했습니다. SNS 마케터가 되어 협찬업체로부터 광고료를 받으며 별도의 수익 구조를 만들며 N잡러가 되었습니다. 지금은 책 출간을 준비하고 있으니, 책이 나오면 저자와 강연가라는 추가 직업이 더 생기겠지요.

이 세 가지 유형은 언뜻 보면 생성 구조가 다르게 보입니다. 그러나 하나의 공통점이 있습니다. 시대의 흐름에 맞게 하나의 직업에 머무르지 않고 계속해서 다른 직업을 만들어 갔다는 점입니다. 또한 한두 가지의 전문성을 갖추었지만, 거기에 머물지 않고 실제로 강의나 집필을 통해 자신의 전문성을 입증했다는 겁니다. 그것이 시발점이 되어, 또 다른 직업을 생산하고 파이프라인으로 확장했다는 점입니다.

다음은 N잡러에 적합한 유형입니다. N잡러를 시작하기 전에 미리 알아두시면, 내가 적합한 사람인지 파악할 수 있습니다.

N잡러 체크 리스트

1) 어떤 것이든 배움을 좋아하는가? ( )

2) ‘일’에 대한 열정이 있는가? ( )

3) 한번 시작하여 끝까지 해 냈던 일이 있는가? ( )

4) 혼자 일하는 것을 견딜 수 있는가? ( )

5) 스트레스를 관리하는 나만의 방법이 있는가? ( )

6) 일을 할 때 스스로 마감 시한을 지키면서 하는가? ( )

7) 마케팅이나 세일즈에 대해 거부감이 없는가? ( )

8) 전문적인 일을 하고 싶은가? ( )

9) 일에서 아이디어 내는 것을 즐기는가? ( )

10) 멀티태스킹이 가능한 사람인가? ( )

11) 팀워크에 자신 있는가? ( )

12) 재무 관련 기본 지식이 있는가? ( )

13) IT 기술에 대한 거부감은 없는가? ( )

14) 회복탄력성이 높은가? ( )

15) 실패에 대해 관용적인 태도인가? ( )

16) 이것저것 계산하지 않고, 일단 실행하는 사람인가? ( )

17) 한 가지라도 3년 이상 꾸준하게 해 봤던 경험이 있는가? ( )

18) 일정 기간 배고픈 시기를 참아낼 수 있는가? ( )

19) 능동적인 사람인가? ( )

20) 자주적인 일 처리에 능한 사람인가? ( )

위의 체크 리스트는 성공적인 N잡러 활동을 하는 분들의 특징을 바탕으로 질문을 만든 것입니다. 체크 리스트 중 10개 이상에 해당하는 사람이라면 N잡러로 활동하기에 무리가 없어 보입니다. 그 이상이 된다면 N잡러에 적합한 성격입니다. 체크 리스트를 바탕으로 나는 어떤 유형으로 접근할 수 있는지를 판단해 보세요.

N잡러 유형이 어떤 유형이든 상관없습니다. 처음 시작이 앞에서 언급한 5가지 능력이 필요하지 않았던 N잡러도 있을 겁니다. 그러나 트렌드에 적응하고 경쟁력을 갖추기 위해서는 필요한 능력임을 알아야 합니다. 결국 오프라인에서 온라인화로, 전문성을 증명해 내는 사람으로 발전해야만 다가오는 제4차 산업혁명 시대에도 살아남을 수 있습니다.

제3장 전공필수 2

독서학 개론 : 목표의식적인 책 읽기

독서 워밍업과 목적 의식적 책 읽기

2021년 국민 독서 실태 조사에 따르면 2019년 전체 성인 독서율이 55.7퍼센트인 것에 비해 2021년 47.5퍼센트로 하락했다고 합니다. 이처럼 대한민국 성인 남녀 중 책을 가까이하는 사람의 비율은 높지 않습니다.

과거에 알던 지식으로는 앞으로 다가올 세계를 대비할 수 없음에도 불구하고 우리나라에서 독서는 여전히 어려운 과제처럼 느껴집니다. 반대로 생각하면 책을 읽는 인구만이 자신을 더욱 업그레이드하여 변화하는 세상에 대응하며 살아가는 셈이지요.

성능이 아무리 좋은 컴퓨터라 할지라도 업그레이드하지 않으면 제 기능을 발휘할 수 없습니다. 특히 IT 분야는 하루가 멀다고 새로운 기능이 추가되고 있는데, 내가 가진 컴퓨터의 성능이 뒤떨어지게 하지 않으려면 주기적으로 업그레이드하고 업데이트해야 합니다.

N잡러를 준비하시는 분들이 가장 먼저 해야 하는 것이 바로 '독서'입니다. 기초가 튼튼한 건물이 무너지지 않듯, 한 직업의 전문성을 기반으로 영역 확장을 원한다면 그 기초 작업으로 책을 읽어야 합니다.

자신만의 직업 세계를 키우기 위해 하는 독서는 취미형 독서와는 다릅니다. 시간과 에너지의 한계가 있기 때문에, 목적 의식적 독서를 해야 합니다. 목적 의식적 독서란 N잡러로 살아가기 위한 목표를 갖고 의식적으로 책을 읽어가는 것을 말합니다. 예전처럼 카페에서 차 한 잔 마시며 시간 때우는 독서가 아니라는 얘기지요.

막상 독서를 시작하려고 하면 막막함을 느낍니다. 시중에 나와 있는 수많은 책 중에서 어떤 책을 읽을까부터 고민입니다. 유튜브나 서평단들이 추천해 놓은 책을 무턱대고 고를 수도 없는 노릇입니다.

N잡러가 되기 위해 독서를 해야 하는 상황이라면 나의 현재 상황을 먼저 점검해야 합니다. 사람마다 가지고 있는 지식의 양과 독서량이 다르고 그 분야도 다르기 때문입니다. 책과 담쌓고 살았던 사람이 갑자기 독서 중급자처럼 책을 읽어야 한다면 지레 겁먹고 포기하기 쉽습니다. 독서 목표와 계획을 세우기 전에, 자신의 독서 상황을 객관화해 볼 필요가 있습니다.

대학에서는 전공과목을 깊이 있게 배우기 전에 일종의 탐색 과정으로 기본적으로 알아야 할 내용을 전공 필수 과목으로 선정하여 가르칩니다. 이처럼 독서의 단계도 구분해 볼 필요가 있습니다.

나의 독서 레벨 객관화를 위한 질문 리스트

1. 독서 초급: 1년에 10권 내외로 읽는다
2. 독서 중급: 한 달에 2~4권 정도 읽는다
3. 독서 상급: 한 달에 5~10권 정도 읽는다

독서 초급자인 경우에는 우선 에세이나 자기계발서부터 시작하여 책과 친해지는 연습을 해야 합니다. 아이들도 문해력이 갖추어져 있어야 최고의 학습 효과를 얻을 수 있듯이, 어른도 기초 독해력이 갖추어져 있어야 책에 수록된 정보와 지식을 제대로 습득할 수 있습니다. 그 때문에 독서 초급자인 경우, 같은 자기계발서나 동기부여 서적을 읽으며 책과 친해지고, 성장을 위한 동기 부여를 받아야 합니다.

다음은 N잡러 성장 사례와 관련된 독서 초급자를 위한 추천 서적입니다.

독서 초급자에게 추천하고 싶은 책

1. 《N잡하는 허대리의 독립 스쿨》 (허대리)
2. 《영향력을 돈으로 만드는 기술》 (박제인)
3. 《한 달에 100만 원씩 더 버는 N잡러의 비밀》 (우희경 외 9인)

꾸준하게 그래도 일주일에 한 권씩을 읽는 독서 중급자들은 자기계발서를 중심으로 다양성에 초점을 맞추어야 합니다. 독서는 양적 독서에서 질적 독서로 점차 진화하는 경향이 있습니다. 다양한 주제의 책을 읽으면서 꾸준하게 새로운 지식과 정보를 쌓다 보면 주 관심 분야를 찾기 쉽습니다. 유난히 손이 많이 가거나, 재미와 흥미 있는 분야를 찾으려면 일정 분량의 독서량을 채워야 합니다.

독서 중급자에게 추천하고 싶은 책

1. 《천직, 내 가슴이 시키는 일》 (정균승)
2. 《위대한 나의 발견, 강점 혁명》 (갤럽 프레스)
3. 《오정근의 커리어 코칭》 (오정근)

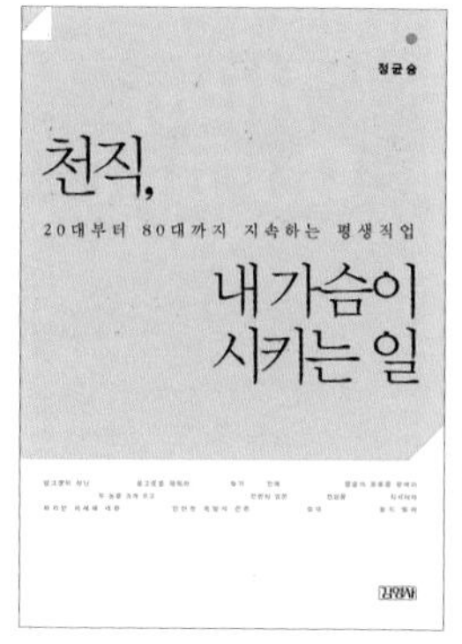

독서 습관이 어느 정도 정립된 독서 상급자인 경우에 이미 다방면의 지식과 정보가 자기 내면에 쌓였을 가능성이 큽니다. 이제는 집중적으로 한 분야의 전문적인 지식을 쌓고 융합과 통합을 통해 새로운 지식으로 재생산할 훈련을 해야 합니다. 이제까지 인풋만 하면서 아웃풋을 하지 않았다면, 본격적으로 아웃풋 독서를 시작해야 할 때입니다.

독서 상급자에게 추천하고 싶은 책

1. 《프로세스 이코노미》 (오바라 가즈히로)
2. 《아웃풋 트레이닝》 (가사사와 시온)
3. 《하이 아웃풋 매니지먼트》 (앤드루 S. 그로브)

보통 독서로 인한 아웃풋은 보통 3단계로 진화합니다.

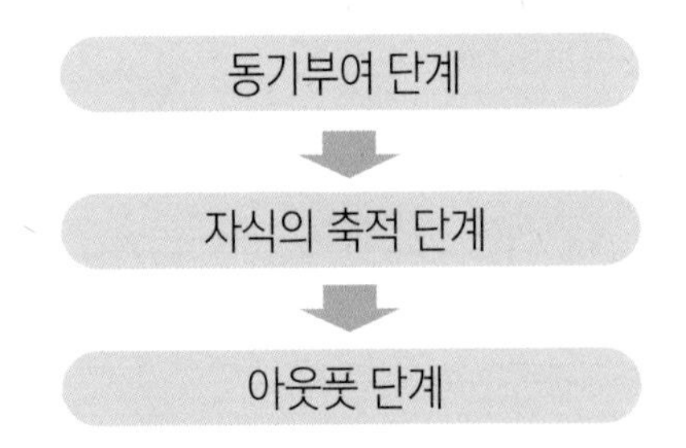

동기부여 단계는 책을 읽어야 하는 이유나 다양한 사람들의 성장 혹은 성공 사례가 담긴 책을 읽으며, 스스로 책을 읽을 수 있도록 동기부여를 해줘야 합니다. 이 단계가 끝났다면, 본격적으로 양적 독서를 통해 다양한 방면의 독서를 통해 지적·정신적 성장을 해야 합니다. 그 이후에는 자신의 관심 분야나 심도 있게 공부하고 싶은 분야를 찾아 몰입 독서를 통해 한 분야의 정통한 지식을 쌓아야 합니다. 그래야만 독서를 통해 아웃풋 단계까지 진입할 수 있습니다.

독서는 N잡러에게는 기초 체력을 키우는 과정이라고 할 수 있습니다. 기초체력이 무너진다면 결국에는 힘도 못 써보고 실전에서 실력을 발휘할 수 없습니다. 기초가 튼튼하면 나중에 가속도는 저절로 붙습니다. 그 점을 꼭 기억하시기를 바랍니다.

N잡러를 위한 전략적 독서

N잡러가 되기로 결심하고 책과 친해지는 연습을 했다면 첫 번째 단계는 성공입니다. 그다음에는 대학의 전공필수 과목처럼 전공 심화 과목에 입문하기 전 N잡러가 꼭 알아야 하는 기초 지식 쌓기가 필요합니다. 독서를 시작하기 전에 독서 목표 수립부터 해보겠습니다.

시간은 한정되어 있고, 모든 책을 읽을 여유도 없습니다. 이때 필요한 것이 전략적 독서입니다. 전략적 독서란 내가 필요한 분야의 책을 선별하여 그 부분만 전략적으로 파고드는 공부법을 뜻합니다. 일단 독서 목표를 세워 보겠습니다.

N잡러를 하기 위해 꼭 필요한 독서 계획

1. 자기 계발 및 자기 경영 공부

2. 트렌드 및 미래 공부

4. 관심 분야 공부

5. 마케팅 및 브랜딩

N잡러는 다능인으로 다양한 역할을 수행해야 하므로 때문에 자기 경영이 우선되어야 합니다. 자기 자신을 경영하지 않고서는 다양한 스케줄은 물론 자기 일조차도 소화할 수 없습니다. 따라서 N잡러는 자기 경영 공부를 게을리하면 안 됩니다. 가장 먼저 필요한 것도 '자기 경영'이라고 할 수 있습니다.

1. 자기 경영 공부를 위한 책

① 《그대 스스로를 고용하라》 (구본형)

자기 경영의 기본을 알 수 있다.

② 《타이탄의 도구들》 (팀 페리스)

성공하는 사람들의 습관을 배운다.

③ 《자기관리론》 (데일 카네기)

자기관리의 고전으로 전반적인 자기관리를 배울 수 있다.

④ 《성공하는 사람들의 7가지 습관》 (스티븐 코비)

성공한 사람들의 습관을 통해 자기 경영 방법을 익힐 수 있다.

두 번째 전략 독서는 거시적인 관점에서 세상이 어떻게 변하고 앞으로 어떻게 돌아갈지를 알게 해 줍니다. 트렌드를 예측하고 그것에 맞게 대응하기 위해 트렌드 관련 책을 읽습니다.

2. 트렌드 관련 책

① 《트렌드 코리아》 (김난도 외 9인)

해마다 나오는 트렌드 책이다. 매해 읽으면서 트렌드를 읽는다.

② 《뉴마켓, 새로운 기회》 (김명선)

새로운 기회를 보는 안목을 키울 수 있다.

③ 《넥스트》 (빈센트)

앞으로 다가올 미래를 생각할 기회를 준다.

④ 《2030축의 전환》 (마우로 F. 기엔)

변화하는 사회의 인사이트를 얻을 수 있다.

심화 전공은 자신이 평소에 관심이 있었던 분야의 주제를 선정하여 키워드나 검색어를 선정한 후, 관련 주제의 책을 읽으면 됩니다. 보통 같은 주제의 책 10권 정도를 읽으면 개괄적인 부분을 이해할 수 있습니다. 관심 분야의 책은 각자 다르므로 심화 전공을 위한 공부는 책을 고르는 방법을 제시합니다.

3. 관심 분야 공부

① 자신의 관심 분야 주제를 선정한 후에 키워드를 뽑는다.

② 인터넷이나 서점에서 키워드 혹은 관련 검색어로 10권 정도 고른다.

③ 마음에 드는 책 5권을 고른다.

④ 계획을 짜서 5권 먼저 읽는다.

마지막으로 마케팅과 브랜딩 공부를 통해 추후 나의 관심 분야를 세상과 공유하여 수익화까지 가능한 방법을 공부합니다. N잡러는 수익화 혹은 직업화라는 목적이 분명하기 때문에 마케팅과 브랜딩 공부는 꾸준하게 할 필요가 있습니다.

4. 마케팅 및 브랜딩 공부

① 《관계 우선의 법칙》 (빌 비숍)

관계를 우선으로 한 마케팅 팁을 알 수 있다.

② 《1페이지 마케팅 플랜》 (앨런 딥)

A부터 Z까지 마케팅 단계를 알 수 있다.

③ 《무기가 되는 스토리》 (도널드 밀러)

스토리가 어떻게 마케팅에 영향을 끼치는지 알 수 있다.

④ 《마케팅 설계자》 (러셀 브런슨)

온라인 마케팅에 대한 개요를 알 수 있다.

⑤ 《퍼스널 브랜딩에도 공식이 있다》(조연심)

퍼스널 브랜딩의 기본적인 사항을 알 수 있다.

N잡러가 되기 위해 필요한 기초 전공과목의 책을 선정했다면 이제는 계획을 세울 차례입니다. 계획은 자신의 스케줄에 맞춰 무리하지 않게 세우는 것이 중요합니다. 여기서 핵심은 하다가 포기하는 것이 아니라, 꾸준하게 지속하는 힘입니다. 위에 추천한 책만 해도 20권 정도가 됩니다. 1주일에 한 권을 읽는다고 한다면 5개월, 한 달 단위로 분야별 책 5권을 읽는다고 계획하면 4개월이 걸립니다. 대학의 한 학기 공부 분량이니 충분히 본인의 일상을 유지하며 공부할 수 있습니다.

독서 목표 예시

① 첫 번째 달 : 트렌드 및 미래 공부

② 두 번째 달 : 자기 계발, 자기 경영 공부

③ 세 번째 달 : 자신의 관심 분야 공부

④ 네 번째 달 : 마케팅 및 브랜딩 공부

한 학기 정도 독서 목표를 정하여 책을 읽었다면 이제부터는 자신이 무엇을 더 배울지에 대한 인사이트가 생깁니다. 내가 가고 싶은 방향을 잡았다면 나머지 한 학기(4~5개월)는 전략적 독서를 통해 자신의 관심 분야를 심층적으로 공부하는 계획을 짜야 합니다.

예를 들어 이전 경력을 살려 '세일즈'에 관심이 많다고 해 보겠습니다. 세 번째 달에 읽었던 5권의 책으로 세일즈에 관한 기본 지식을 알았습니다. 그랬다면 더욱 심도 있게 이 분야에 관해 공부하고 알아가야 합니다. 나머지 한 학기 공부 방법은 다음과 같습니다.

① 첫째 달 : 세일즈 분야 성공한 사람 책 기초 편 3권 및 자기 계발 서적 1권

② 둘째 달 : 세일즈 관련 기법을 알려주는 책 3권 및 자기 경영 서적 1권

③ 셋째 달 : 세일즈 관련 한국 전문가가 쓴 책 3권 및 마케팅 서적 1권

④ 넷째 달 : 세일즈 관련 책 중 외국 전문가가 책 3권 및 브랜딩 서적 1권

이렇게 월 계획을 짜면 세일즈 관련 책을 더욱 심도 있게 공부할 수 있습니다. 책의 내용을 소화하는 정도는 개인마다 다르기 때문에 자신만의 속도로 책을 읽는 것이 중요합니다. 추후 나의 전공 분야가 될 책을 메인으로 읽고 그다음 1권 정도는 수익화를 고려하여 경영·

경제 분야 책으로 채워주는 방식을 택하면 됩니다.

중요한 것은 어떤 책을 읽어야 할지 헤매는 시간을 줄이는 것입니다. 이때 필요한 것이 몰입 & 전략적 독서법입니다. 하나의 테마를 정해 놓고 그 주제만 파고드는 방식으로 책을 선정하고 목표에 맞게 몰입하여 읽어나가는 방법입니다.

몰입 & 전략적 독서 하는 방법

① 분야를 정한다.
② 온라인, 서점, 도서관에서 해당 분야의 책을 20~30권 정도 서치한다.
③ 목차를 보면서 내가 필요한 내용인지 살핀다.
④ 저자의 전문성을 확인한다.
⑤ 20권 정도만 선정하여 정독한다.

위와 같은 방법으로 책을 읽는다면 처음에는 책을 검색하느라 시간을 낭비하는 것 같은 느낌이 듭니다. 그러나 오히려 필요한 책을 골라내는 안목이 생기기 때문에 불필요한 책을 읽느라 시간을 소비하지 않게 됩니다.

만약 내가 책을 읽다가 더욱 심화하여 배우고 싶은 방향이 생겼다면, 해당 분야의 전문성을 가진 스승을 찾아 적극적으로 배움을 이어가면 전문 지식을 쌓을 수 있습니다. 요즘은 꼭 대학이나 평생교육원에 가지 않더라도 온·오프라인에서 해당 전문가의 수업을 많이 찾을 수 있습니다.

전문 지식을 배울만한 여력이 되지 않는다면, 관심 분야 책 100권 정도를 찾아서 공부하면 됩니다. 한 분야의 책을 100권 정도 읽다 보면 전문성이 나온 뿌리는 같기 때문에 일맥상통한 내용이 눈에 들어오게 됩니다. 그 부분을 정리하고 나만의 지식으로 만들어 가는 것이 중요합니다. 그럴 때만 책에서 얻은 지식이 진정한 나의 지식으로 흡수됩니다.

[중간과제]

나의 버킷리스트를 적어서 학과장에게 제출하기

앞으로 5년 뒤 나는 어떤 모습을 살고 있을까요? 버킷리스트를 작성해 보세요. 버킷리스트는 목표 달성을 빨리 할 수 있는 시간 순으로 적습니다.

	나의 버킷 리스트	최종 마감 기한
1		
2		
3		
4		
5		
6		
7		
8		
9		
10		

제4장 교양필수 2

교양학 개론 : 필수 교양 쌓기

자기 경영학 개론

N잡러는 단순히 자신이 좋아하는 일을 하며 재미있게 사는 것을 목표로 해서는 안 됩니다. 좋아하는 일을 잘하는 일로 만들어 자신만의 커리어로 삼기 위해서는 많은 것이 필요합니다. 가장 필요한 것은 '자기 경영'입니다.

자기 경영이란 자기 자신을 경영하는 것을 말합니다. 자기 경영 속에는 많은 의미가 포함되어 있습니다. 일단 경영의 의미를 짚고 가겠습니다. 경영은 '이윤 창출'이라는 회사의 목표를 달성하기 위해 조직을 관리하고 운영하는 것을 뜻합니다. 자기를 경영한다는 것은 나를 하나의 기업으로 보고 나를 관리하고 운영해야 한다는 뜻입니다.

하고 싶을 때 하고, 하고 싶지 않을 때 하지 않는 것은 관리나 운영이 아닙니다. 자기를 경영한다는 것은 자기 관리와 자기 자신의 상품적인 가치를 높이기 위해 하나의 회사로 인식하고 운영하는 것을 뜻합니다. 따라서 자기 경영을 하기 위해서는 다양한 것이 수반됩니다.

가장 필요한 것은 '경영자 마인드'입니다. N잡러는 보통 1인 기업으로 시작하기 때문에 철저하게 자신을 경영해야 합니다. 나 자신이 회사이기 때문에 건강하고 강인한 마인드를 장착하여 어떤 어려움이 생기더라도 이겨 낼 수 있는 마인드 경영을 해야 합니다.

경영자를 생각해 보겠습니다. 한 회사를 운영하는 경영자는 회사의 운영 계획을 세웁니다. 보통 1년, 3년, 5년, 10년 단위로 단기적인 계획을 세우고 장기적인 계획을 함께 짭니다. 단기적인 운영 계획은 실질적인 매출이 나올 방안일 테고, 5년 이상의 장기계획은 앞으로 5년 뒤의 먹거리를 위한 전략입니다. 경쟁자의 출연과 시대의 변화에 대비하기 위해 5년 전부터 다른 먹거리를 준비합니다.

1인 기업형으로 시작하는 N잡러도 이렇게 경영자 마인드를 가질 필요가 있습니다. 거시적인 안목과 미시적인 안목을 동시에 겸비해야 하며 단기·중기·장기 계획 등 운영 계획도 세워야 합니다.

그뿐만 아니라 어려운 일이 생길 때마다 현명하게 극복하고 이겨 내겠다는 마인드 세팅을 해야만 그것이 바탕이 되어 앞으로 닥치게 될 미래를 대비할 수 있습니다. 이 모든 것이 경영자의 마인드라고 할 수 있습니다. 이런 마인드의 차이는 추후 똑같은 N잡러이지만 프리랜서형과 1인 기업형으로 나뉘는 기준이 됩니다. 여기서 프리랜서 형이란 외부에서 의뢰받는 일만 처리하는 수동적인 개념입니다. 반대로 1

인 기업형이란 스스로 일거리를 창조하는 적극적인 사람을 말합니다.

자기 경영에서 두 번째로 중요한 것은 '자기 관리'입니다. 자기 자신도 관리하지 못하는 사람은 수행할 업무를 관리하고 하나의 기업이 되어 일을 진행할 수 없습니다. 일을 해서 돈을 벌고 성과를 내려면 철저하게 자기 자신을 관리해야 합니다. 자기 관리는 크게 네 가지로 나뉠 수 있습니다.

첫 번째는 신체 자본 관리입니다. 한꺼번에 많은 일을 처리해야 하는 N잡러는 왕성한 체력이 밑바탕이 되어야 합니다. 큰일을 앞두고 일을 그르치지 않기 위해 체력 관리는 필수입니다. 정해진 시간에 주어진 일만 하는 직장인과는 달리 N잡러는 초창기에 과도할 정도로 많은 일을 해야 합니다. 또한 업무 강도도 직장인보다 강한 편입니다. 모든 일이 자신의 책임하에 진행이 되기 때문에 직장인보다 더 많은 부담을 느끼기도 합니다. 강도 높은 일과 오랜 시간을 일을 하기 위해서 미리 체력 관리를 해야 합니다.

두 번째는 멘탈 관리입니다. 아무리 강인한 체력을 가졌다 할지라도 작은 일에 상처받고, 시행착오 하나하나에 무너지는 유리 멘탈을 가졌다면 자기 관리에 실패할 수밖에 없습니다. N잡러 초창기는 대부분 하나의 직업으로 시작합니다. 그다음에는 하나씩 직업을 늘려가는 방식으로 일이 확장됩니다. 하나의 일이 확장되면서 또 새로운 일을 해야 하는 상황이 벌어집니다. 모든 일이 순리대로 진행되면 좋겠지만, 일이라는 것이 늘 변수를 동반합니다. 경제 상황이 안 좋아질 수도 있고, 주변에 함께 도와주기로 했던 사람이 갑자기 배신할 수도 있습니다. 이럴 때마다 멘탈이 흔들리면 다음 단계로의 진행이 어려워집니다. 매번 문제가 발생할 때마다 주저앉을 수는 없는 노릇입니다. 따라서 멘탈 관리를 잘해야 합니다.

멘탈 관리를 잘하려면 평소에 명상하는 습관을 들이거나 산책을 통해 마음을 평온하게 만들어야 합니다. 혹은 자신의 마음을 들여다보는 글쓰기나 매일 긍정 확언 낭송 등으로 훈련하는 것도 좋은 방법이 될 수 있습니다. 하지만 이런 방법으로도 한 번에 멘탈 강화가 되지는 않습니다. N잡러로서 성장하기 전부터 꾸준하게 습관처럼 훈련하면 점점 강한 멘탈을 유지할 수 있습니다.

세 번째는 스트레스 관리입니다. 일을 하며 스트레스에 노출되지 않을 수는 없습니다. 일이 과부하 되거나 예기치 못한 상황이 발생할 때 항상 스트레스에 노출됩니다. 스트레스를 관리하지 않으면 건강에 문제가 생기고, 크게는 만성 스트레스나 우울증에 시달리는 경우도 있습니다. 열정을 갖고 일을 하는 것도 좋지만 적당한 휴식을 취함으로써 스트레스 관리를 해야 합니다. 산책, 운동, 댄스, 좋아하는 맛집 투어 등 자신이 할 수 있는 스트레스 해소법을 찾아 평소에 잘 관리해야 합니다.

네 번째는 매력 자본 관리입니다. 매력이라고 해서 예쁘고 잘생기도록 관리하라는 것이 아닙니다. 요즘 사회에서는 외모도 하나의 경쟁력입니다. 푸석푸석한 머릿결, 거친 피부, 장소나 상황에 맞지 않은 옷차림을 한 사람에게 매력을 느끼는 사람은 없습니다. 회사 운영을 잘하는 CEO들은 모두 외모 관리도 잘합니다. 모든 것이 자신이 하는 비즈니스와 연결이 된다고 생각하기 때문입니다. 기업의 CEO처럼 자신의 매력을 개발하고 관리하여 신뢰 가는 사람이라는 인상을 심어주는 것도 자기 관리 중 일부분입니다.

자기관리는 자기 경영의 한 부분입니다. 자기 경영을 잘하는 사람은 자기관리도 철저하게 합니다. 자신을 하나의 회사로 생각하기 때문에 신체·정신·외모까지 신경을 씁니다. 자기 관리를 잘하는 사람이 회사 운영도 잘하는 것은 말할 필요도 없습니다.

마지막으로 스케줄 관리를 통해 자기 경영을 완성해야 합니다. 자기 관리의 기본은 무엇보다 시간 관리에서 온다고 할 수 있습니다. 특히 N잡러처럼 다양한 일을 처리해야 한다면 시간 관리와 스케줄 관리를 통해 자신의 업무 능력을 향상해야 합니다.

N잡러의 시간 관리는 최대한 단순해야 합니다. 그러기 위해서는 업무가 한꺼번에 몰리지 않기 위해 일을 나누어서 처리하는 습관을 길러야 합니다. 또한 업무시간과 개인 생활시간을 분리함으로써 집중 업무 시간을 스스로 만드는 것이 중요합니다. 스케줄 관리 역시 자신의 할 일을 명확하게 문서화하여, 그날 할 일을 처리하는 습관을 기르

는 것이 중요합니다. 자칫 스케줄 관리가 사소해 보일 수 있지만, 스스로 계획하고 업무를 추진하고 진행하기 위해서는 스케줄 관리는 기본입니다. 많은 성공한 사업가들이 가장 중요하게 생각하는 것도 스케줄 관리입니다. 따라서 자신이 정한 일의 목표 달성을 하기 위해 마감 기한을 두어 스케줄에 맞게 일을 처리하는 습관을 키워야 합니다.

자기 경영을 잘하는 사람은 건강 관리, 마인드 관리, 스트레스 관리, 매력 관리, 스케줄 관리까지 잘하는 사람입니다. 이는 일의 기본이기 때문에 N잡러를 준비하는 분들이라면 위의 내용을 반드시 숙지하시고, 몸에 밸 때까지 연습하시기 바랍니다.

돈의 심리학

저는 책 쓰기와 퍼스널 브랜딩 코칭 일을 하면서 많은 분이 본래 직업 외에 작가와 강연가로 활동할 수 있도록 도와드리고 있습니다. 하지만 가끔 수업을 진행하다 보면, '판매'를 부정적으로 인식하는 사람들을 만나게 됩니다.

세상살이의 대부분은 거래와 판매로 이루어진다고 할 수 있습니다. 공무원은 공무 서비스를 제공해 주는 대가로 국민들이 낸 세금으로 월급을 받습니다. 직장인은 회사에 노동력을 제공하며 월급을 받습니다. 공무원이나 직장인이 되면 세일즈와 관계가 먼 것으로 생각이 들지만, 눈에 보이지 않는 서비스나 노동력을 제공하고 있는 겁니다. 무엇이든 거래가 이루어져야 그에 대한 대가로 월급을 받을 수 있습니다. 무료 봉사가 아니라 그들이 제공하는 서비스나 노동력에 대한 대가로 월급을 받는 겁니다. 이처럼 상호 간의 거래를 이루면서 사

는 것이 사회입니다.

다니엘 핑크의 《파는 것이 인간이다》에서도 세일즈가 '단순히 물건을 파는 행위가 아닌 사람의 마음을 움직이는 것'이라고 정의합니다. 그의 정의에 따르면 작가는 독자의 마음을 움직이는 대가로 인세를 받고, 가수 또는 작곡가는 대중들의 마음을 즐겁게 하는 대가로 저작권료를 받습니다. 저자의 강연이나 가수의 공연은 부가적으로 따라 오는 수입원이며, 동시에 청중이나 관람객의 마음을 움직이게 하는 일이라고 할 수 있습니다. 어떤 분야이든 일에 대한 대가를 받기 위해 사람들은 세일즈에 매진하고 있습니다.

N잡러는 자신의 전문성이나 재능을 다양한 루트로 팔아야 합니다. 세상과의 거래를 통해 자신이 일한 대가를 받아야 합니다. 그러나 가끔 컨설팅하다 보면 이런 분들을 만납니다. 충분히 일을 한 대가를 받을 만한 실력을 갖추고 있음에도 불구하고, 거래에 대한 부정적인 감정을 가지고 있어 계속 재능기부에만 치중합니다. 혹은 자신이 제공하는 가치보다 훨씬 낮은 가격을 고집하며 울상을 짓습니다. N잡러 본인은 본인대로 일은 많지만, 돈이 안 되어 힘이 빠지고, 동기부여가 되지 않은 상태에서 일을 유지할 수 없어 결국에는 포기합니다.

N잡러가 되어 성장하고 싶다면 돈 공부를 해야 합니다. 돈을 밝히

라는 의미가 아니라, 돈에 밝아야 비즈니스를 하고 성장할 수 있습니다. 김승호 회장님의 《돈의 속성》에 보면 돈도 하나의 인격체라고 말합니다. 자신을 좋아해 주고 존중해 주는 사람에게 따라온다며 작은 돈이라도 소중하게 다루라고 합니다. '돈을 벌어도 그만, 안 벌어도 그만이고 일로서 인정받겠다'라고 생각한다면 일한 만큼의 대가를 충분히 받을 수

없습니다. 돈에 대해 부정적인 감정이 있기 때문입니다. 따라서 오랜 기간 노력하고 준비하여 N잡러가 되어 세상과의 거래를 시작한다면 '열심히 일하고 일한 만큼 충분한 보상을 받겠다'는 돈에 대한 긍정적인 감정을 가져야 합니다.

예전에 한 도서관에서 '퍼스널 브랜딩'에 대한 강연을 한 적이 있습니다. 그때 만났던 청중 한 분이 이런 질문을 했습니다.

"저는 심리 분야에 관심이 많습니다. 그런데 주변에서 돈이 안 된다고 말리네요. 저도 그것으로 돈을 벌 생각은 없어요. 그래도 좋아하는 분야니 공부해서 다른 사람들을 상담해 주고 싶어요. 제가 알고 있는 것을 굳이 돈을 받고 상담을 받는다는 게 좀 그렇네요. 그렇게 해도 퍼스널 브랜딩을 해야 할까요?"

자신이 공부하고 싶은 전공 분야를 찾은 것이 참 다행이다 싶었습니다. 하지만 그 분야를 통해 굳이 돈을 벌 생각이 없다는 말에 의아해했습니다. 저는 "공부하면서 적성과 잘 맞으면 퍼스널 브랜딩을 통해 직업으로 만들고 또 돈도 벌어야죠."라는 조언을 드렸습니다.

이런 경우가 돈에 대해 부정적인 감정이 있는 경우입니다. 자신이 한 분야에 전문성을 쌓기 위해 공부하고, 그 전문성으로 누군가를 도와준다는 것은 선한 의지입니다. 그러나 그 대가를 받지 않겠다는 말은 직업인으로서 태도가 부족한 경우입니다. 일을 한 대가를 받는다는 것은 직업인으로서 자신을 인정한다는 의미입니다. 선의는 있지만 자신의 직업인으로서의 프로의식이 없다면 그 직업으로 돈을 벌 수 없습니다.

또한 일을 하는 대가로 받는 보상의 체계를 이해할 필요가 있습니다. 자신이 노력한 만큼 그에 대해 보상받고 싶다면 세상과 거래할 수 있는 실력 쌓기를 먼저 해야 합니다. 자신은 아무 노력도 하지 않으면서 그에 상응한 보상을 받을 수는 없습니다. 이는 '선투자 후보상' 원칙에 의한 것입니다. 다시 말해 먼저 투자하고 인풋을 한 후에야 나중에 보상이 따라오게 됩니다.

또 하나의 예를 들어 보겠습니다. 공무원 시험을 준비하는 취업준비생이 있습니다. 몇 년간 공부하기 위해 학원 강의도 듣고, 교재도 사면서 준비합니다. 그동안은 지출만 있는 단계지요. 눈에 보이는 것은 지출이지만 공무원이 되기 위해 투자를 하고 있다고 봐야 합니다. 자신에게 필요한 과목은 수강하고, 그것을 이해하기 위해 공부하는 노력도 마다하지 않습니다. 공무원에 반드시 합격하리라는 보장은 없지만 계속해서 투자하고 노력하면서 인풋을 합니다. 그 후 공무원이 되어야 일을 하면서 인정을 받을 수 있고 그 대가로 월급이라는 보상을 받습니다.

세상일이 모두 그렇습니다. 만약 N잡러를 하고 싶은 마음은 있지만 인풋을 할 준비가 되어 있지 않다면 '응당 법칙'에 의해 N잡러로 성장할 수 없습니다. 여기서 '응당 법칙'이란 내가 한 행위에 맞게 마땅히 따라오는 결과라고 할 수 있습니다. 내가 인풋 한 만큼 결과가 따라오고, 내가 노력한 만큼의 대가가 온다는 뜻입니다. 이러한 '응당 법칙'은 돈의 심리학과 유사합니다. 하나의 인격체인 돈도 자신을 좋아해 주고, 노력하여 곁에 두고 싶어 하는 사람을 좋아합니다. 응당한 결과입니다.

'응당 법칙'은 자신이 행하는 대로 결과를 도출할 수 있고, 이러한 결과가 다시 나에게는 돈이라는 대가로 주어지기도 합니다. 예를 들어 N잡러를 하기 위해 한 분야를 확장하여 강사를 꿈꾼다고 해 보겠습니다. 강사는 자신의 콘텐츠를 '강의' 상품으로 세상에 제공하는 조건으로 돈을 받는 직업입니다. 확장하는 직업으로 강사를 꿈꾼다고 하면서 무료 강의만 듣고, 무료 컨설팅만 듣는다고 해 봅시다. 그렇게 하면 실력이 쉽게 늘지 않습니다. 유료 강의는 사람들이 돈을 내고 신청할 만큼의 퀄리티가 보장되어야 합니다. 강의료의 대가로 사람들에게 인사이트를 주거나 다양한 지식을 전달해야 합니다.

하지만 무료 강의만 계속해서 듣는다면 유료 강의에 합당한 퀄리티를 만들어 낼 수 없습니다. 유료 강의를 듣는다는 것은 그 사람이 제공하는 콘텐츠의 가치를 인정했다는 뜻입니다. 내가 먼저 타인의 콘텐츠의 가치를 인정하고 기꺼이 그 대가를 지불할 수 있을 때, 나 역시 추후 유료 강의로 인정받을 수 있는 강의 콘텐츠를 만들어 낼 수 있습니다. 이 또한 '응당 법칙'에 의해 타인의 가치를 소중하게 생각하는 사람에게 유료로서 가치 있는 강의를 만들 수 있게 하고 그 대가로 돈을 벌 수 있게 합니다.

위에 제가 제시한 법칙을 저는 돈의 심리학이라고 부릅니다. 돈도 하나의 인격체이며, 사람처럼 심리가 있습니다. 즉 자신을 소중하게 다루는 사람, 노력한 후 그에 맞는 보상을 바라는 사람, 타인의 가치를 먼저 인정하는 사람에게로 흐릅니다. 돈에 집착하며 N잡러에 접근하면 금세 지쳐 버립니다. 그러나 돈의 심리학을 이해한다면 나의 노력에 대한 정당한 대가를 받을 수 있습니다. 그러면서 나에게 투자하고 노력하는 시간이 절대 헛되지 않음을 알게 됩니다. 꼭 기억하셔야 합니다. 보상은 천천히 주어진다는 사실을요.

비즈니스 매너론

N잡은 다양한 형태로 진화되고 발전합니다. 부업에서 시작한 일이 본업으로, 본업에서 시작한 일이 여러 가지 직업으로 파생되면서 발전합니다. 그 후에는 결국 비즈니스로 이어집니다. N잡러가 되기를 원하시는 분이라면 자신을 사업가로 생각해야 합니다. 비즈니스라고 해서 거창하게 생각할 필요는 없습니다. 내가 가진 것에 가격을 매겨 세상에 파는 것이 바로 비즈니스의 시작이니까요.

하지만 나의 N잡이 부업, 프리랜서, 1인 기업으로 시작했더라도 비즈니스 매너를 갖춰야 합니다. 꼭 슈트를 차려입고 교양 있는 태도를 갖추라는 것이 아닙니다. 모든 행동이 자연스럽게 비즈니스 매너로 이어지도록 해야 한다는 의미입니다.

제가 제시하는 것이 어쩌면 기본적인 것들이라 '이것이 비즈니스 매너인가?' 의아하게 생각할지도 모르겠습니다. N잡러로 여러 사람을 대하면서 기본적인 매너가 부족하여 일을 그르치는 것을 보았던 경험에서 말씀드리는 겁니다.

시간 엄수

N잡러가 되면 고객에게 의뢰받은 일을 처리하거나, 혹은 팀으로 프로젝트를 수행하는 경우가 생깁니다. 비슷한 콘셉트를 가진 사람들과 협업하는 경우도 많습니다. 이럴 때 항상 마감 기한이 주어집니다. 협업이나 팀 프로젝트인 경우 함께 일하는 사람에게 피해를 주면 안 됩니다. 이것이 기본적인 비즈니스 매너입니다. 타인과 함께 팀으로 일을 할 때 꼭 마감 시간을 지켜야 합니다. '나 하나쯤은 늦어도 괜찮겠지.'라는 안일한 마음으로 일을 대한다면 소중한 인연을 잃게 될 수 있습니다.

만약 부득이한 사정으로 인하여 약속 시간을 못 지키는 경우 상대방에서 양해를 구하고 2차 마감 시간을 잡아야 합니다. 양해를 구할 때도 마감 시간 막바지에 이르러 하는 것이 아니라 미리 연락하여 상대방이 마음의 준비를 할 수 있도록 배려해야 합니다. 2차 마감 시간을 잡았다면 그 시간은 반드시 지켜야 합니다. 2차 마감 시간마저 지키지 못한다면 결국 상대방의 신뢰를 잃을 수밖에 없습니다.

타인의 사생활 존중 매너

일을 하다 보면 모든 사고를 자기중심으로 하는 분들을 봅니다. 일에 대해 알고 싶은 내용이 있거나 문의 사항이 있을 때, 타인의 시간을 고려하지 않고 수시로 문자를 보내거나 전화를 해댑니다. 오전 8시 이전, 저녁 10시 이후에도 본인이 급하면 연락을 하여 일 이야기를 하려고 합니다.

문의하는 시간이 비록 자신에게는 적당한 시간인지 모르겠지만, 타인에게는 개인적인 시간일 수 있습니다. 일로 만난 관계일수록 타인의 사생활이 침해되지 않도록 세심한 배려가 필요합니다. 가족이나 친한 친구도 이 시간에 전화하는 것은 큰 실례가 될 수 있습니다. 하물며 일로 만난 사이라면 무례한 행동으로 비칠 수 있습니다. 타인을 배려하지 못하는 작은 행동 하나로 신뢰를 잃어버릴 수 있으니 각별히 주의해야 합니다. 가장 좋은 방법은 문자로 전화가 가능한 시간을 미리 물어서 시간을 정해 놓고 통화할 시간을 만드는 겁니다. 각자의 시간을 존중하는 매너가 꼭 필요합니다.

미팅 매너

N잡러는 다양한 방식으로 비즈니스를 해야 하는 사람입니다. 고

객, 고객사, 협업 파트너, 제안 해오는 사람 등 다양한 사람들과 만나고 소통합니다. 외부 미팅부터 온라인 미팅, 전화 미팅까지 미팅이 일의 일부가 됩니다. 미팅할 때도 세심하게 신경을 써야 합니다. 일에 관해 이야기하는 자리인데 사람들이 많고 시끄러운 곳에서 만나면 안 됩니다. 교통편, 프라이버시를 고려해서 약속 장소를 정해야 상대방에게 신뢰를 줄 수 있습니다. 이때 상대방은 '나를 중요한 사람으로 신경을 쓰는구나!' 하는 인식을 심어 주면서 서로의 신뢰를 쌓을 수 있습니다.

온라인 줌 미팅인 경우 집에서도 할 수 있지만, 그럴 때는 배경에 신경 써야 합니다. 중요한 일로 미팅 중인데, 배경으로 정리되지 않은 거실이 보이면 어떨까요? 상대방의 신뢰를 깰 수 있습니다. 온라인으로 비즈니스 미팅을 할 때도 배경에 신경을 써서 중요한 업무를 하고 있다는 분위기를 풍겨야 합니다.

전화 미팅인 경우, 미리 약속 시간을 잡아둡니다. 상대방에게 문자나 이메일로 전화 미팅 시간을 잡고, 그 시간에 맞추어 연락합니다. 전화 미팅인 경우에도 최대한 정중하게 말을 이어 나가는 것이 매너입니다.

어떤 사람을 만나는지에 따라 세심하게 배려하는 태도 하나에 신뢰가 쌓입니다. 작은 실수로 일을 그르치지 않기 위해 위의 매너는 꼭 기억하시기 바랍니다.

T.P.O 매너

미팅 장소 매너와 함께 필요한 것은 T.P.O(*Time, Place, Occasion*) 매너입니다. T.P.O란 시간과 장소, 상황에 맞게 옷을 착용해야 한다는 원칙입니다. 비즈니스에서 T.P.O 원칙은 두루 사용됩니다. 고객이나 고객사를 만나는데 친구를 만나러 가는 느낌의 옷을 입고 간다면 일의 진척이 어렵겠죠. 온라인 미팅도 마찬가지입니다. 직접 만나지 않는다고 지나치게 편안한 옷차림으로 사람을 만나는 경우를 봅니다. 그러나 친분 모임이 아닌 이상 단정하고 깔끔한 세미 정장의 느낌으로 입는 것이 상대방에 대한 예의입니다.

일을 할 때나 사람을 만날 때와 친구를 만날 때는 내가 갖춰야 할 매너가 달라야 합니다. 이것이 비즈니스 매너이자 프로의 자세입니다.

기본적인 내용 같지만 실제로 일을 하다 보면, 이런 기본 매너를 갖추지 못한 분들을 마주하게 됩니다. 그 정도의 매너를 지킬 의지조차 없다면 N잡러로서 자리 잡기는 어렵다고 보아야 합니다. 당장 상대방과 일을 의논하는 관계로 만나지 않더라도 언제 어디서나 나에게 일거리로 연결될 수 있다는 마음으로 사람을 대하고 만나는 자세가 필요합니다. 그래서 비즈니스 매너는 기본이 됩니다.

수많은 사람을 만나고 그 인연이 비즈니스로 연결됩니다. 사람들이 나를 판단할 근거는 많지 않습니다. 결국 작은 행동과 태도로 그 사람을 판단할 수밖에 없다는 겁니다. 일하는 능력은 출중하나 매너 없는 태도 때문에 일을 그르치지 않기 위해서는 비즈니스 매너를 지키며 상대방에게 신뢰를 주어야 합니다. 모든 일의 성사는 태도에서 시작된다고 해도 과언이 아닙니다. 내가 던지는 말 한마디, 내가 취하는 행동 하나, 신경 쓰지 못했던 작은 것이 나에게 행운을 가져다줄 수 있습니다. 반대로 신뢰를 깨버리는 화살이 되기도 합니다. 기회를 잡는 사람이 될 것인지, 호감을 주지 못하는 사람이 될 것인지는 여러분의 선택에 달려 있습니다.

제5장 전공실기 1

온라인 작가 실기 : 온라인 공간에 글쓰기

블로그 작가 되기

바야흐로 창작의 시대입니다. 전문가의 영역이라고 여겨졌던 글쓰기와 콘텐츠 제작은 다양한 플랫폼의 발달로 진입장벽이 낮아졌습니다. 그중에서도 블로그는 진입하기 매우 쉬운 플랫폼입니다. 시작할 마음만 먹는다면 누구나 도전할 수 있습니다.

저는 컨설팅을 할 때, 블로그를 가장 먼저 하라고 권하고 있으며 다른 것은 포기해도 블로그는 포기하지 말라는 조언도 함께 전합니다. 유튜브의 등장으로 블로그의 시대는 한물갔다는 말이 많이 나오고 있지만, 실제로 블로그는 기회의 문을 열어주는 키맨(key man)입니다. 이 장에서는 블로그 사용방법이 아니라 블로그 글쓰기로 블로그 작가가 되는 방법을 알려드리겠습니다.

블로그를 어려워하는 이유는 '글쓰기' 때문입니다. 특히 글쓰기 경험이 없는 분이라면 글쓰기가 생각보다 쉽지 않습니다. 하지만 여기서 제시하는 방법을 따라 차근차근 따라서 해보시면, 어느새 근사한 블로그 작가가 되어 있을 겁니다.

블로그 작가가 되기 위해서는 우선 내 블로그의 유형과 콘셉트를 정해야 합니다. 블로그 유형이란 추후 N잡러를 하기 위해 어떤 식의 수익화를 고려할지를 정하는 겁니다.

블로그는 크게 두 가지 유형이 있습니다. 첫 번째는 수익형 블로그, 두 번째는 브랜디드 블로그입니다. 수익형 블로그는 추후 협찬, 블로그 기자단, 체험단을 통해 수익화로 연결하고 싶은 사람들이 운영하는 유형입니다. 맛집 블로그, 뷰티 블로그, 여행 블로그 등이 보통 수익형 블로그라고 할 수 있습니다. 전문적으로 리뷰를 쓰고 그 대가로 돈을 버는 작가를 원고 작가라고 합니다. 원고 작가는 수익형 블로그를 운영하면서 정보 중심의 글쓰기를 잘해야 수익화에 유리합니다.

두 번째 유형인 브랜디드 블로그는 원고 작가가 아닌, 개인 브랜드를 목적으로 운영됩니다. 즉 퍼스널 브랜딩을 위해 글을 쓰면서 자신을 응원해 주고 좋아해 주는 사람들이 많아지면 클래스 론칭 등을 통해 수익화할 수 있습니다.

원고 작가를 위한 수익형 블로그와 브랜디드 블로그의 글 쓰는 방법은 조금 차이가 있습니다. 다음은 두 유형에 따른 글쓰기 방법입니다.

블로그 원고 작가를 위한 글쓰기

N잡의 하나로 블로그 마케터가 되어 원고 작가만 잘해도 일반 중소기업 직원 월급 이상을 벌 수 있습니다. 원고 작가는 사업주가 의뢰하여 원고를 작성해 주는 대가로 원고료를 받는 사람입니다. 그만큼 사업주도 만족하고, 독자들도 좋아하는 글을 쓰는 것이 포인트라고 할 수 있습니다.

1) 자기 경험과 사실 위주의 글쓰기를 합니다.

원고 작가는 체험단, 기자단 활동을 통해 수입을 얻습니다. 따라서 원고 작가가 직접 써 보고, 실제 사실을 기반으로 한 글쓰기를 해야 합니다. 자기 경험을 바탕으로 객관적인 요소를 가미하여 쓰는 방식입니다.

예를 들어 맛집 리뷰를 한다고 했을 때, 본인이 직접 가서 알게 된 사실과 정보가 주가 되어야 합니다. 맛집의 분위기, 인테리어의 호감도, 메뉴의 구성, 가장 잘 팔리는 시그니처 메뉴, 메뉴 가격 등 자기 경험을 바탕으로 한 사실적 글쓰기를 합니다. 또한 맛집 리뷰이기 때문에 직접 주문하여 맛을 본 후 그 맛을 평가하는 글을 덧붙입니다. 조금 더 친절한 글이 되려면, 맛집의 위치 정보와 주차 정보, 영업시간까지 구체적으로 알려주면 금상첨화겠죠.

2) 독자에게 줄 수 있는 혜택이나 장점을 언급합니다.

원고 작가가 쓰는 글이 단순한 사실에만 입각한 글이라면 정보는 줄 수 있지만 재미없는 글이 됩니다. 정보에만 끝나지 않고, 그 맛집만의 장점이나 특이한 점들을 가미하면 독자들은 더욱 호감을 느낍니다. 예를 들어 3시~5시까지 가는 손님에게는 커피를 제공한다는 공개되지 않은 정보를 준다면 독자는 고마움을 느낄 겁니다. 아이와 함께 가는 손님에게는 주먹밥을 제공하는 서비스가 있어서 좋았다는 개인적인 평이 들어간다면 다른 원고 작가와는 차별화된 콘텐츠가 될 수 있습니다.

퍼스널 브랜딩을 위한 글쓰기

원고 작가가 아닌, '나' 자체를 브랜드화하여 추후 수익화를 원한다면 퍼스널 브랜딩을 염두하고 글을 써야 합니다. 퍼스널 브랜딩을 위한 글쓰기는 처음에는 원고 작가처럼 수익화가 빠르지는 않을지 몰라도 장기적인 관점에서는 직업을 확장하기 쉬운 장점이 있습니다. 만약 원고 작가가 아닌 하나의 브랜드로 성장하고 싶다면 처음부터 그런 미래를 계획하고, 글쓰기를 진행해야 합니다. 다음은 퍼스널 브랜딩을 위한 글쓰기 방법입니다.

1) 먼저 콘셉트를 정하고 시작합니다.

글쓰기 하기 전에 대략적인 나의 블로그 콘셉트를 정하고 시작해야 퍼스널 브랜딩 하기에 좋습니다. 어떤 블로그에 들어갔는데, 육아, 재테크, 영어 콘텐츠까지 없는 게 없다고 해 보겠습니다. 언뜻 보기에는 콘텐츠가 많다고 느껴질지 모르겠지만, 시간이 지날수록 전문성이 없는 블로그가 되어 버립니다. 그렇게 되면 잠재 고객을 모으기 어렵습니다. 퍼스널 브랜딩을 위한 블로그는 잠재 고객을 위한 글을 써야 합니다. 따라서 자신 있는 분야를 하나 선정하여 그 글을 시작으로 하나씩 콘셉트를 정하는 것이 유리합니다.

2) 일상 글을 통해 친근한 이미지를 줍니다.

퍼스널 브랜딩을 염두에 두고 있다면 일반 상업용 블로그처럼 상업적으로만 접근하면 안 됩니다. '나'라는 사람을 온라인상에 알리는 것이 우선이기 때문에, 친근하게 일상 글을 공유합니다. 일상 글이라고 해서 거창하게 접근하면 지칩니다. 가볍게 일상에서 만난 친구 이야기, 요즘 배우고 있는 것, 최근에 힘들었던 일등 친구와 수다 떨 듯 천천히 접근하면 어렵지 않게 일상 글쓰기를 할 수 있습니다.

3) 한 분야의 전문성을 느낄 수 있는 글을 써 봅니다.

브랜드화하려면 매일 일상 글만 써서는 안 됩니다. 한 분야의 전문가로서 차별화되고, 그로부터 확장하여 N잡러로 성장하기 위해서는 전문성 있는 글을 써야 합니다. 전문성 있는 글이라고 해서 처음부터 전문 칼럼니스트처럼 논리적일 필요는 없습니다. 내가 알고 있는 내용을 체계적으로 정리하는 느낌으로 접근해야 합니다. 혹은 모아 놓았던 자료나 정보를 독자가 이해하기 쉬운 어휘로 풀어가는 방식이면 됩니다.

예를 들어 인간관계에 대한 내용을 쓴다고 해 보겠습니다. '사람과 관계를 맺을 때 놓치면 안 되는 것', '사람의 마음을 읽는 법', '상처받지 않는 인간관계 팁', '무례한 사람에게 대처하는 법', '인간관계 스트레스 받을 때 읽으면 좋은 책 추천'처럼 알고 있는 내용을 풀어간다면 어렵지 않게 전문성 있는 글을 쓸 수 있습니다.

'전문성'을 어렵게 생각하지 않았으면 합니다. 대학생이 고등학생에게 해 주는 입시 조언은 그 어떤 조언보다 값지니까요. 내가 먼저 경험한 후 알게 된 정보나 지혜부터 잘 정리해서 풀어 보세요. 시간이 지나면서 글의 전문성이 더해져 다른 사람보다 훨씬 많이 아는 사람이 되어 있을 겁니다.

블로그 작가라고 해서 아주 거창하게 접근할 필요는 없습니다. 지금 잘 운영하는 블로그 작가들이 모두 대단해 보이지만, 그들도 초보 시절이 있었습니다. 초보 시절을 잘 견디었기에 자신만의 영역을 구축하게 되었다는 사실만 기억하시면 됩니다. 자! 그러면 오늘부터 블로그 작가에 한번 도전해 보시겠어요.

포스트 에디터 되기

포털사이트에서 검색하다 보면, 기사문처럼 잘 정돈된 글을 보게 됩니다. 전문 기사가 쓴 글처럼 보이는 글을 타고 들어가 보면, 하단에 블로그 포스트가 보입니다. 포스트는 블로그보다는 조금 전문적인 글을 제공하는 서비스입니다. 블로그 유저보다 전문성 있는 글이 많고, 시리즈 같은 연재형 글을 발행하는 것이 특징입니다.

포스트를 운영하는 사람은 '에디터'라고 합니다. 에디터는 정보나 지식을 수집하고 적절하게 분류하고 편집하는 사람을 말합니다. 포스트 글은 기업에서 홍보를 목적으로 운영하는 경우가 많지만, 개인이 자신의 전문성 있는 글을 발행하기 위해 쓰기도 합니다. 네이버 포스트는 모바일에 최적화된 도구입니다. 포스트 유저들이 모바일을 통해 콘텐츠를 소비하는 경우가 많기 때문에 블로그와 포스트를 동시에 운영하는 분들도 많습니다.

블로그에 이어 포스트 에디터가 되고 싶다면 우선 전문성을 돋보이게 할 수 있는 이미지 브랜딩과 양질의 콘텐츠를 발행해야 합니다. 다음은 포스트 에디터가 되기 위해 알아야 하는 방법입니다.

커버 사진 설정

커버 사진의 〈프로필 사진〉은 바꿀 수 있습니다. 〈닉네임〉과 〈타이틀〉도 설정하여 어떤 정보성 있는 글을 발행하는 곳인지를 알려 줍니다. 저는 책을 소개하는 포스트로 '드림북스'라는 타이틀을 사용했습니다.

소개 글과 경력 및 활동, 다른 채널 연결하기

〈소개 글〉에는 포스트를 소개하는 글로 어떤 콘텐츠를 주로 발행하는지를 알려줍니다. 〈경력 및 활동〉에는 연도별 자신의 활동 내용이나, 수상 경력, 출간된 책 중심으로 에디터의 경력 사항을 적습니다. 단 〈소개 글〉과 〈경력 및 활동〉은 300자 이내로 제한하여 핵심적인 부분을 소개합니다.

소개글 59/600 byte

드림북스는 브랜드미스쿨에서 운영하는
책 소개 채널입니다.

경력 및 활동 296/600 byte

현)브랜드미스쿨 대표
현)출판기획, 책쓰기코치,글쓰기강사 활동중
현)100여종의 책 기획/ 50여명의 저자 배출
저서)
<완벽한 퇴사>
<생계형긍정주의선언>

〈출처 :드림북스 포스트〉

SNS & 웹 사이트는 포스트와 외부 채널을 연결해 주는 역할을 합니다. 따라서 자신이 활동하고 있는 모든 외부 채널 모두 기재하는 것을 추천합니다. 포스트 노출이 잘되면, 다른 채널까지 홍보하는 효과가 있기 때문입니다.

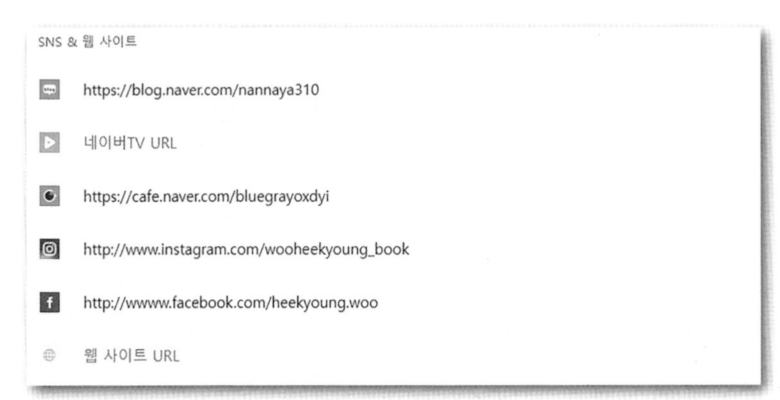

〈출처 :드림북스 포스트〉

네이버 포스트 글쓰기

네이버 포스트에서 제공하는 글쓰기 형식은 '기본형'과 '카드형'이 있습니다. 기본형 글은 모듈처럼 작성할 수 있고, 카드형 글은 카드뉴스 스타일의 글을 발행할 수 있습니다.

1) 기본형

먼저 '기본형'에 맞춰 글 쓰는 방법을 알아보겠습니다. 포스트는 기본적으로 블로그와 똑같이 스마트 에디터 3.0을 활용하여 글을 작성합니다. 블로그와 차이가 있다면 〈사진검색〉 기능과 〈오디오〉, 〈일정〉, 〈스타일 일정〉이 추가되었다는 점입니다.

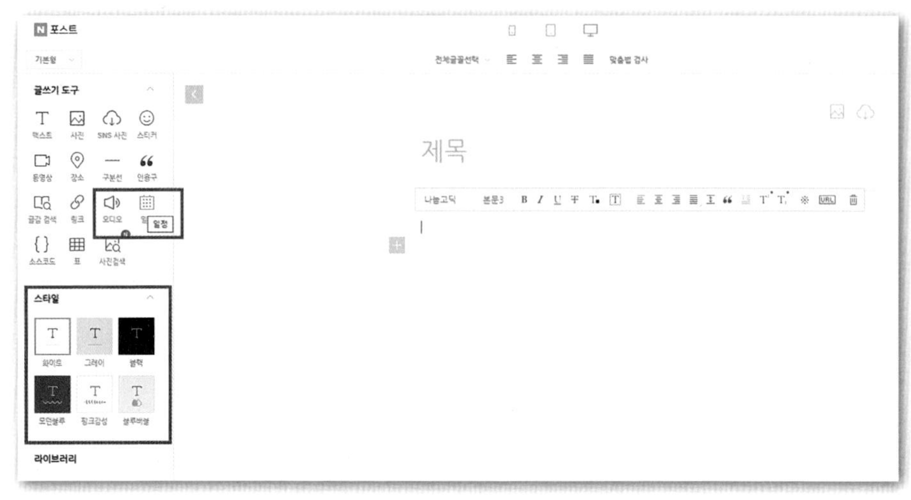

〈포스트 기능과 기본형 글쓰기, 출처 : 네이버 포스트〉

2) '카드형' 글쓰기

네이버 포스트에서는 카드형 글쓰기도 많이 쓰입니다. 카드형 글쓰기는 글과 그림의 배치에 따라 다양한 레이아웃이 제공되기 때문에 제공되는 형식에 맞춰 사용하면 됩니다.

특히 처음 네이버 포스트에 도전하는 에디터라면 포스트에서 제공하는 추천 템플릿을 활용하면 더 쉽습니다. 카드형은 표지와 본문으로 나눕니다.

블로그와 포스트를 연동하여 사용할 수 있습니다. 조금 더 전문성 있는 글을 썼다면 블로그에 동시 발행할 수 있습니다. 네이버 포스트

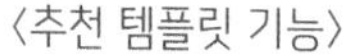
〈추천 템플릿 기능〉

〈포스트 표지〉

에 글을 다 쓴 후, 〈발행〉을 누르면 설정 창이 나옵니다. 〈동시 발행〉 항목 옆에 〈블로그〉를 선택 후, 카테고리를 지정하면 됩니다.

이때 해당 블로그에도 포스트와 같은 제목이 글이 나오지만, 포스

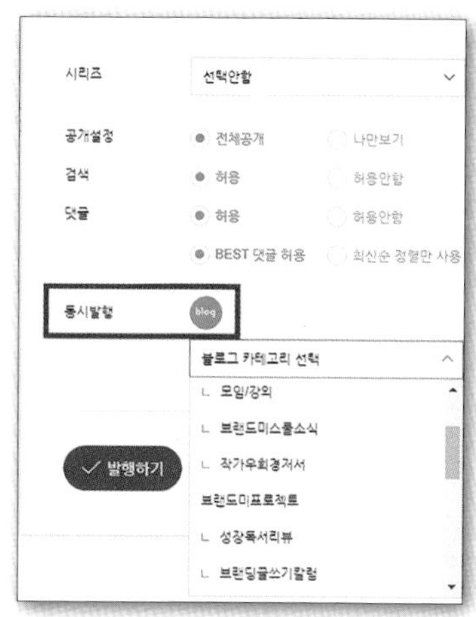

〈포스트에서 블로그 동시발행〉

〈포스트 글 블로그 공유된 글〉

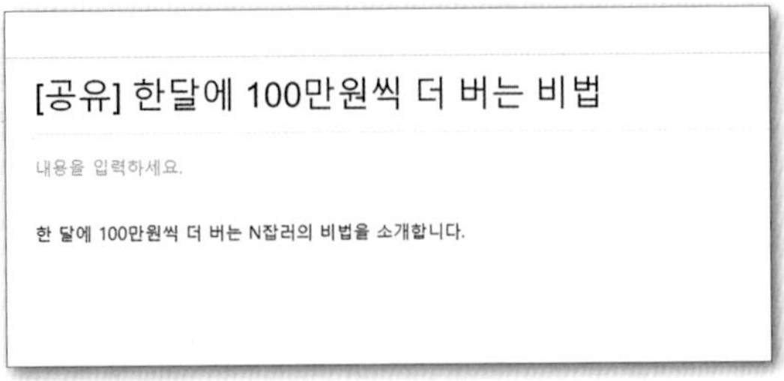

[공유] 한달에 100만원씩 더 버는 비법

내용을 입력하세요.

한 달에 100만원씩 더 버는 N잡러의 비법을 소개합니다.

〈포스트 글 블로그 공유 후 본문 수정〉

트 링크 글이 들어가는 단점이 있습니다. 따라서 발행 후 블로그 게시글 〈수정하기〉를 눌러 포스트의 글을 소개하는 글을 추가하면 좋습니다. 원 소스 멀티 유즈(one source multi use)를 활용하면 하나의 콘텐츠를 여러 개의 채널로 확산할 수 있습니다. 포스트에 전문성 있는 글을 쓰고, 블로그에 동시 발행을 하면 하나의 글로 여러 채널에 올릴 수 있습니다. 포스트에 썼던 글을 카드 뉴스로 만들어 인스타그램이나 페이스북에 올리는 것도 하나의 방법입니다. 또한 포스트에 양질의 콘텐츠를 올린 후, 유튜브 영상 콘텐츠 대본이나 오디오클립의 대본으로도 활용할 수 있습니다. 그런 점에서 포스트는 가장 효율성이 뛰어난 채널이라고 할 수 있습니다.

N잡러의 전문성을 위해 포스트 에디터에 도전해 보세요. 나도 모르는 사이에 근사한 에디터가 되어 여러 개의 채널을 운영하고 있을 테니까요.

브런치 작가 되기

아침과 점심 사이, 늦은 아침을 점심처럼 먹는 것을 브런치*(brunch)* 라고 합니다. 일상에서 벗어나 주말 오전 먹는 브런치는 하나의 힐링이자 휴식이기도 합니다. 만약 글쓰기가 나에게 힐링과 휴식을 줄 수 있다면 어떨까요? 브런치로 가벼운 식사를 하면서 친구들과 수다를 떨 듯 수다를 글로 만들어 작가가 될 수 있다면요?

카카오에서 제공하는 플랫폼 브런치는 작가로 데뷔하기에 가장 좋은 플랫폼입니다. 블로그처럼 꾸밀 필요도 없고, 기능이 복잡하지도 않습니다. 활동을 잘하면 출간 작가가 될 기회가 주어지기도 합니다. 또 업무 제안이 들어와 단숨에 N잡러가 될 수도 있습니다.

블로그는 개설만 하면 바로 시작할 수 있지만, 브런치는 '합격'해야 활동을 할 수 있습니다. 브런치는 '합격' 제도를 통해 어느 정도 퀄리티 있는 글을 쓸 사람을 선별합니다. 한 번에 붙는 사람이 있는가

하면, 여러 번의 고배를 드는 분도 계십니다.

브런치 작가로 합격하기 위해서는 브런치가 좋아하는 글을 써야 합니다. 그러면 어떤 글을 써야 브런치에 합격하여 활동할 수 있을까요? 다음은 컨설팅을 통해 브런치 작가를 배출하면서 알게 된 브런치가 좋아하는 글의 성격과 합격하는 비결입니다.

〈출처 : 브런치 스토리〉

브런치가 좋아하는 글

1) 에세이류

블로그가 정보 위주의 글을 좋아하고 상위노출에 유리하다면, 브런치는 작가의 삶에서 나온 살아있는 이야기를 좋아합니다. 딱딱한 정보성 글보다 에세이 같은 글이 유리합니다.

2) 자신만의 색채가 드러나는 글

어디서 본 듯한 글이거나 여기저기서 베껴온 듯한 글보다는 자연스럽게 작가 자신의 색채가 묻어나는 글을 좋아합니다. 날것 그대로라도 좋으니, '나다운' 글을 써 보세요.

3) 독자에게 공감을 주는 글

브런치는 읽는 사람에게 공감을 주는 글을 특히 좋아합니다. 많은 독자에게 공감을 주는 글이라면 노출을 해주어서 더 많은 사람이 볼 수 있도록 도와주기도 합니다.

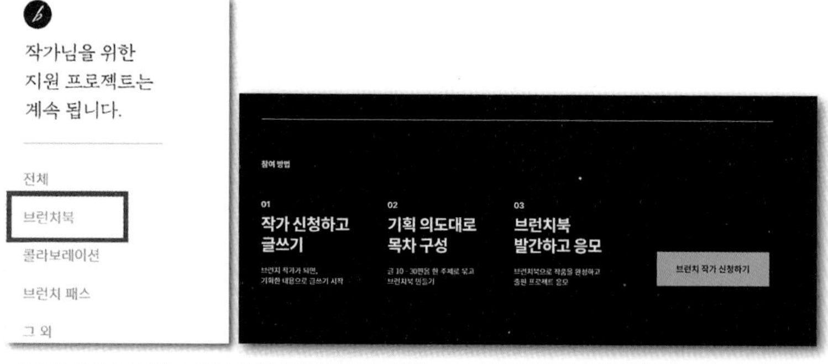

〈브런치스토리웹 사이트에서 브런치북 선택 → 브런치 작가 신청하기를 할 수 있다〉

브런치에 합격하는 비결

1) 브런치 작가로 활동하고 싶은 이유를 생각해 보세요.

브런치는 작가들이 글을 씀으로써 함께 성장하는 플랫폼입니다. '그냥 한 번 써 볼까?' 하는 마음으로 접근하는 사람보다는 꾸준히 활동할 수 있는 사람들을 원합니다. 따라서 먼저 브런치 작가로 활동하고 싶은 이유가 분명해야 하며, 그 이유를 설득력 있게 어필하면 됩니다.

2) 독자에게 줄 수 있는 이로움을 어필해 보세요.

온라인 플랫폼은 언제나 사람들의 관심을 끌고 플랫폼 구독자로 유입하는 목적으로 만들어집니다. 사람들이 브런치에 와서 브런치 작가가 쓴 글을 보게 하려면 어떻게 할까요? 당연히 나에게 도움 되는 글을 보러 옵니다. 내가 쓴 글은 어떤 이들에게 도움이 될 것인지를 생각한 후 그런 글을 쓰겠다는 자신만의 포부를 어필해 보세요.

3) 방향성이 있어야 합니다.

앞서 브런치는 독자들에게 공감을 줄 수 있는 글을 좋아한다고 했습니다. 사람들에게 공감을 주려면 어떨까요? 한 번의 공감으로는 어렵습니다. 따라서 내가 쓰는 글에는 방향성이 있어야 합니다. 방향성을 어렵게 생각할 필요는 없습니다. 하나의 바구니에 담을 수 있는 테마라고 생각하면 됩니다. 예를 들어 '인간관계', '성장', '치유'처럼 하나의 테마로 묶을 수 있는 글을 지속해서 발행하면 됩니다.

4) 블로그에 나의 방향성과 맞는 글이 있어야 합니다.

브런치 작가에 합격하기 위해서는 블로그에 먼저 내가 쓰고자 하는 글을 보여줘야 합니다. 앞서 언급한 대로 방향성 있는 내용의 글 10개 정도를 블로그에 공개합니다. 이미 블로그로 활동하고 있다는 점을 어필하면 더 좋은 점수를 받을 수 있습니다.

5) 여러 번의 수정을 거쳐 완성도가 높은 글을 보내세요.

브런치 작가가 되기 위해서는 테스트 글을 보내야 합니다. 그 글을 보고 합격 여부가 결정됩니다. 이때 테스트 글이라고 해서 대충 써서 보내면 안 됩니다. 어느 정도의 분량이 있고, 누가 읽어도 공감되는 글을 보내야 합니다. 성의 없게 일하는 사람과 함께 일하고 싶은 사람은 없습니다. 테스트 글이라고는 하지만 여러 번 읽고 수정 작업을 통해 완성도가 높은 글을 보내야 합니다.

위의 점을 숙지하여 브런치에 지원하면 충분히 '합격' 타이틀을 받을 수 있습니다. 여기서 한 가지 주의 사항이 있습니다. 브런치가 독자들에게 공감을 일으키는 에세이를 좋아한다고 하지만, 자신의 일기를 쓰는 일은 피해야 합니다. 온라인 플랫폼은 공개된 채널로 자신의 일기를 공개적으로 쓰는 채널이 아닙니다. 일기를 쓰고 싶다면 노트 한 권 사서 자신만의 비밀과 감정을 풀어내세요. 온라인 채널에 자신의 정제되지 않은 감정을 전부 쏟아낼 필요는 없습니다. 다시 말해 브런치가 작가의 감정 쓰레기 같은 글을 받아줄 이유는 없습니다.

실제로 컨설팅했던 분 중에 브런치에 10번 정도 떨어졌던 사람을 본 적 있습니다. 그분의 글을 읽어 보니 자신의 감정에 복받쳐 써 내려간 글이 대부분이었습니다. 그 분께는 감정을 거르고 방향성을 잘 설정해 보라는 조언을 해 드렸습니다. 작가 자체가 감정 컨트롤이 안 되는 글을 독자가 좋아할 리 없습니다. 또한 내가 브런치에서 어떤 활동을 하고 싶은지 방향성을 잡지도 못한 사람을 브런치가 합격시킬 리도 없습니다.

브런치는 활용만 잘하면 또 다른 기회의 창구가 되기도 합니다. 브런치를 통해 업무 제안 혹은 출간 제의를 받는 경우도 많습니다. 기업에서 강사 섭외를 하기 위해서 브런치 작가 검색을 하기도 합니다.

실례로 저의 교육생이었던 Y씨는 책 출간을 준비하면서 브런치 작가로 활동했습니다. 육아 에세이를 시작으로 육아를 주제로 한 전문성을 곁들인 글을 쓰기 시작했고요. 꾸준히 6개월 정도 글을 쓰면서 한 애플리케이션 업체로부터 엠배서더로 활동해 달라는 업무 제안을 받기도 했습니다. 만약 Y씨가 브런치 활동을 하지 않았다면 그런 기회는 오지 않았을 겁니다.

브런치를 통해 기회를 얻으려면 일단 브런치 작가 프로필을 잘 만들어야 합니다. 작가 프로필에 자신의 강점, 또는 쓰고자 하는 글의 방향성이나 전문성을 어필해 보세요. 물론 외부에서 업무 제안이 올 수 있을 정도로 글의 퀄리티가 어느 정도 보장되어야겠죠. 나의 강점을 필요로 하는 분들이 꼭 있습니다. 그러니 포기하지 말고 꾸준하게 글을 써 보시길 추천합니다.

저의 교육생 중에 S씨는 브런치를 통해 출간 제의를 받았습니다. S씨는 브런치 활동을 하며 꾸준히 그림을 그리고 글을 썼습니다. 매주 2회 정도 꾸준하게 감성 글을 발행했더니, 한 출판사로부터 에세이를 내 보자는 출간 제안이 들어 왔다고 합니다. 물론 글쓰기 수업을 통해 실력을 키웠기 때문에, S씨의 브런치에 게재된 글은 제법 퀄리티가 높았습니다. 그렇게 S씨는 브런치 플랫폼을 통해 출간 작가가 되었습니다.

기회는 스스로 만들어야 합니다. 특히 요즘처럼 온라인 플랫폼이 발달하고 내가 마음만 먹으면 기회를 창출할 수 있는 시대에는 더욱 그렇습니다. 브런치 작가가 되어 내 일을 만들어 보세요. 작은 시작이 큰 기회가 되어 돌아올 수 있습니다.

제6장 전공실기 2

유튜버 입문 : 유튜버가 되는 길

'금'이 되는 나만의 콘텐츠 찾기

과거만 하더라도 언론 3사는 막강한 권력을 가지고 있었습니다. 정치 여론을 선동하고, 스포츠 중계로 국민을 한자리에 모으는 힘도 있었습니다. 대중에게 잘 어필할 수 있는 콘텐츠를 만들어 전 세계로 수출하기도 했습니다. 그러나 요즘은 굳이 방송국에 들어가지 않아도 마음만 먹으면 누구나 작가가 될 수 있고, PD(프로듀서)가 될 수 있습니다. 일부 혜택 받은 사람들만 알고 있던 고급 정보나 지식도 유튜브의 성장으로 오픈 소스가 되었습니다. 방구석에 앉아 테드(*TED : Technology Entertainment Design*) 강연을 듣고, 세계 유수 대학의 교수나 석학들의 강의를 듣는 일은 일상이 되었습니다.

유튜브가 급성장하게 된 이유는 '구독' 기반 시스템과 '공유 경제' 때문입니다. 콘텐츠가 좋을 경우 구독자가 늘어나고, 일반 사람들도 연예인 못지않은 인기를 누릴 수 있습니다. 그뿐만 아니라 어느 정도

구독자와 시청 시간이 확보되면 수익을 배분해 주는 방식으로 유튜브 크리에이터의 성장을 돕고 있습니다.

디지털을 기반으로 하는 일을 확장하고 싶은 경우, 유튜브 채널은 기회의 창구가 될 수 있습니다. 이미 많은 디지털 노마드가 유튜브로 자유롭게 일하면서 돈을 벌고 있으니까요. 유튜브로 큰돈을 벌었다는 성공 사례가 많아지면서 도전하는 사람들의 수도 점점 늘고 있습니다. 하지만 막상 시작하려고 보면 콘셉트를 잡는 것부터 난관에 부딪치게 됩니다. 실제로 유튜브로 수익화에 성공하거나 일정 구독자를 확보한 크리에이터들이 공통으로 하는 말이 있습니다.

"제일 좋아하는 것을 하세요."

모든 일이 마찬가지겠지만, 좋아하는 것이라면 꾸준하게 지치지 않고 할 수 있고, 결국에는 잘하게 됩니다. 결국 좋아하면서 잘하는 것을 꾸준하게 하다 보면 전문가 수준에 이르게 되는 것은 어쩌면 당연한 이치입니다.

하지만 유튜브 콘텐츠를 기획하기 전에 '목적'을 먼저 생각해 볼 필요가 있습니다. 예를 들어 유튜브를 하는 이유가 개인 브랜딩이나 마케팅을 위한 것인지, 아니면 조회수로 수익을 올리고자 하는 것인지를 먼저 고려해 보세요. 만약 조회수 증가로 수익을 올리고 싶다면 조금 더 대중적이고 인기 있는 주제를 선택하는 것이 좋습니다. 그러나 개인 브랜딩이나 마케팅을 위한 목적이라면 자신의 하는 일과 연관성 있는 주제가 더 좋습니다. 여기서는 이미 전문성이 있어 개인 브랜딩을 해야 하는 경우와 유튜브 콘텐츠로 무에서 유를 창조해야 하는 두 가지 경우의 기획에 대해 알아보겠습니다.

이미 한 분야에 전문성을 가지고 있고, 개인 브랜딩과 마케팅을 위해 유튜브를 활용하고자 하는 경우입니다. 이런 경우 콘텐츠 기획 전에 알아야 할 점은 내가 올리는 콘텐츠가 지금 하는 일과 연관성이 있고 잠재고객을 모을 가능성이 있는지를 살피는 일입니다. 예를 들어 세일즈 강사라면 세일즈와 관련된 팁(tip)을 주는 정보 콘텐츠를 메인으로 하면서 자신의 전문성을 어필하는 콘텐츠를 기획하는 것이 잠재고객에게 어필하기 좋을 겁니다. 그래야 자신의 전문성을 알릴 수 있고, 나중에 외부 강의 섭외나 내부 고객을 모집할 때 도움을 받을 수 있습니다.

N잡러로 활동하고 있는 A씨는 유튜브 구독자가 1,000명 정도 밖에 안 됩니다. 그러나 유튜브를 통해 외부 강의 제안을 받고, 자신이 운영하는 프로그램 홍보를 합니다. A씨는 유튜브 수익화에는 구독자 수가 그리 중요하지 않다고 합니다. 조회수로 광고비를 받으려 한다면 결국에는 제풀에 지쳐 포기하는 경우가 많다는 것이 그의 조언입니다. 오히려 구독자의 수가 적더라도 자신을 신뢰해 주고 지지해 주

는 진성팬을 만드는 것이 유튜브 운영 전략으로 바람직하다고 이야기 합니다.

유튜브 콘텐츠를 기획할 때도 그의 조언을 기억했으면 좋겠습니다. 메가 인플루언서가 되지 않아도 됩니다. 수익으로 이어질 방향을 고려하면 충분히 적은 인원수의 구독자라고 유튜브를 운영할 수 있습니다.

A씨와는 반대로 유튜버 C씨는 유튜브 크리에이터로 활동하며 직업을 확장한 케이스입니다. 출산 후 전업주부의 길을 갔던 C씨는 유튜브 크리에이터 활동을 먼저 시작했습니다. 그녀는 〈짠테크〉에 대한 콘텐츠를 꾸준하게 발행했습니다. 그녀의 관심사는 외벌이 남편 월급으로 최대한 돈을 모아서 내 집 마련을 하는 것이었습니다. '냉장고 파먹기로 식비 50만 원 아끼는 법', '외벌이 4인 가족 3년 만에 1억 모으기' 등과 같이 엄마 구독자들이 관심 있는 콘텐츠를 기획하고 발행했습니다. 그녀는 '짠테크' 테마에 맞게 거창한 스튜디오에서 촬영하지 않고, 거실에서 가볍게 촬영하고 올렸습니다. 요란한 편집 없이도 진솔한 그녀의 짠테크 비법은 주부 구독자의 마음을 샀습니다. 그녀의 이야기에 관심을 가진 구독자는 순식간에 늘었고, 그녀는 꽤 규모 있는 채널을 운영하는 크리에이터가 되었습니다.

몇 년 정도 유튜브를 통해 '짠테크'와 관련된 콘텐츠를 올리자, 출판사에서 출간 요청이 들어왔습니다. 그녀는 짠테크를 주제로 책을 쓰면서 작가로 데뷔했고, 그 책으로 강의를 시작하면서 강사가 되었습니다. 이런 경우는 하나의 경험 콘텐츠가 유튜브 콘텐츠로 전환되면서 강력한 파워를 가진 콘텐츠로 발전한 케이스입니다.

주부 중에 '짠테크'를 실천하고 있는 분들이 많이 있을 겁니다. 그러나 그녀처럼 전문성을 가지고 콘텐츠화하지 않았기 때문에 브랜딩되지 못한 겁니다. C씨의 경우는 콘텐츠 자체로 개인 브랜딩에 활용하여 직업을 늘려간 케이스입니다.

당장 전문성을 증명할 수 있는 콘텐츠가 없어도 괜찮습니다. 지금 있는 자리에서 남보다 조금 더 잘 알고, 실천할 수 있는 내용을 유튜브 콘텐츠로 만들어 보세요. 그리고 시간의 힘을 믿고 꾸준하게 밀고 나가 보세요. 콘텐츠가 쌓일수록 내 전문성도 늘어나고, 나는 어느새 한 분야의 전문가로 인정받게 될 테니까요.

C와 유사한 사례가 의외로 많습니다. 자신이 공부하는 중국어 콘텐츠를 올리면서 3년 뒤 중국어 강사로 데뷔한 분도 계십니다. 여기서 기억할 것은 이렇게 성장하신 분들이 처음부터 전문가는 아니었다는 것입니다.

자기 경험 속에서 시장성이 있는 콘텐츠를 찾아 일단 유튜브에 올렸다는 점이 중요합니다. 결국 무언가를 시도하고 했기 때문에 무(無)에서 시작하더라도 자신만의 세계를 구축하고 유(有)로 만들어 갔다는 점입니다.

처음부터 1만 유튜버, 10만 유튜버를 꿈꾸기보다 내가 알고 있는 전문성을 대중과 소통할 수 있는 콘텐츠로 만들어 보겠다는 생각으로 접근해 보세요. 혹은 지금은 프로가 아니지만 추후 이런 분야에 프로가 되어 일하고 싶은 분야가 있다면, 그것을 유튜브 콘텐츠로 만들어 차근차근 올려 보세요. 유튜브 콘텐츠가 나에게 일거리를 만들어 줄 겁니다.

실전! 유튜버 크리에이터

어떤 콘텐츠를 올릴지 기획했다면 그다음부터는 실전에서 유튜버 활동을 해 봐야 합니다. 아무리 여러 번 들어도 한번 해 보는 것만 못하기 때문입니다. 이번 장에서는 나의 주제를 선택한 후 실전에 적용하는 방법을 스텝 바이 스텝으로 알려 드립니다. 가장 먼저 해야 할 일은 연관 키워드를 찾아보며 검색이 될 만한 핵심 키워드를 찾는 일입니다.

스텝 1 : 키워드 검색

키워드 검색에 도움이 되는 사이트를 통해 나의 주제와 맞는 메인 키워드를 몇 개 검색한 후 구글 키워드 플래너를 통해 검색량을 알아봅니다. 그래야 어느 정도 검색이 되는 영상을 만들 수 있습니다.

Keyword Tool

키워드 검색에 도움 되는 사이트로 Keyword Tool을 추천합니다.

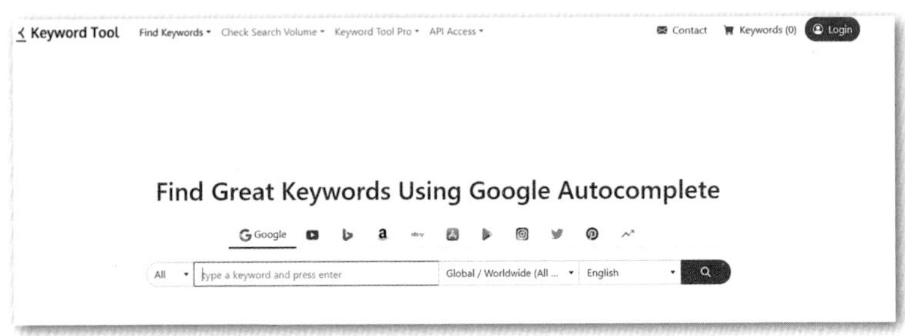

(http://keywordtool.io) : 메인 키워드 검색

구글 키워드 플래너

구글 애즈에 접속 후, 도구에 〈키워드 플래너〉를 클릭합니다. 키워드 검색량을 검색할 수 있습니다.

Google Ads 개요 목표 캠페인 및 도구 리소스 전문가 지원

캠페인 및 도구

검색
실적 최대화
디스플레이
쇼핑

측정 →
전환 추적
입찰
AI 기반 광고 솔루션

도구 →
키워드 플래너
관리자 계정
Google Ads 에디터

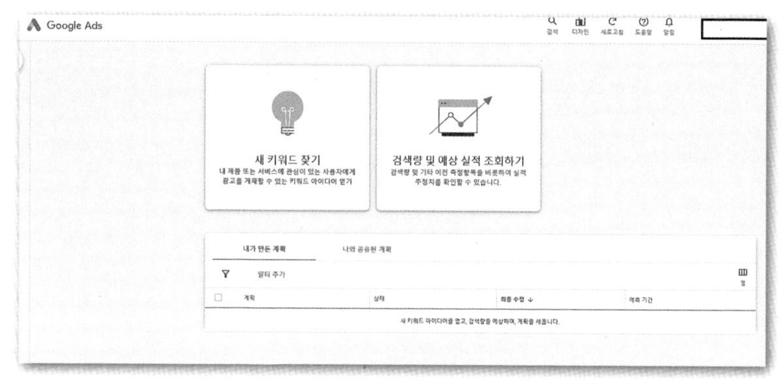

(출처 : 구글 애즈)

스텝 2 : 전체적인 가이드라인 구성

어떤 채널이든 콘텐츠를 제공하고자 할 때는 기본적인 방향과 틀을 정해야 합니다. 그래야 방향성이 흔들리지 않습니다. 누구를 위한 동영상을 만들지 타깃 구독자를 선정한 후, 그들이 내 영상을 통해 얻을 수 있는 혜택이나 유익성에 초점을 맞춥니다. 그 이후 내 주제에 맞는 테마와 소재를 찾습니다. 이때 나의 타깃 구독자가 좋아할 만한 소재를 다양하게 생각하여 브레인스토밍해 봅니다.

스텝 3 : 경쟁사 동영상을 분석

나와 유사한 성격의 채널을 분석하면서 어떤 콘텐츠가 인기가 있는지 살펴보세요. 어떤 테마로 만들었는지, 영상 섬네일은 어떻게 했는지, 시간은 몇 분인지, 키워드는 어떤지 꼼꼼하게 분석해 보세요. 경쟁 유튜버가 올린 영상 중 인기 영상 중심으로 분석하면 구독자들이 좋아하는 성향을 파악할 수 있습니다. 그러면 내가 올릴 동영상의 내용이나 영상 시간, 키워드를 정하는 것이 어렵지 않습니다.

스텝 4 : 동영상 제작과 편집

이제 동영상을 제작하고 편집합니다. 시간이 가장 오래 걸리는 단계이지만, 질 좋은 영상을 올리기 위해 세심하게 신경 써야 할 부분입니다. 굳이 전문 장비를 동원하지 않아도 됩니다. 동영상은 화소수가 높은 스마트폰으로 찍고, 간단한 편집 앱으로 활용하여 최대한 심플하게 합니다. 이때 제목은 검색을 고려하여 키워드에 유의해야 하고, 클릭을 부르는 매력적인 제목으로 정합니다. 동영상 아래 설명 부분을 참고하여 동영상의 내용을 검색 엔진에 전달할 수 있도록 합니다.

스텝 5 : 업로드한 동영상 홍보

이미 구축된 채널(블로그, 페이스북, 카카오톡 단톡방)에 자신의 유튜브 영상을 적극적으로 홍보하면서 많은 사람이 영상을 볼 수 있게 합니다.

이러한 과정을 반복하면서 유튜브 콘텐츠를 올리다 보면, 사람들의 반응을 보며 내 채널 구독자들이 원하는 영상 콘텐츠를 만들 수 있습니다. 유튜브는 영상 채널이므로 다른 채널에 비해 시간과 손품이 가장 많이 듭니다. 그래도 파급 효과가 가장 크다는 장점이 있기에 온라인 활동을 하고 싶은 분들에게 추천하는 채널이기도 합니다. 유튜브 관련 내용은 무척 방대하므로 세밀하게 알려드리기보다는 전반적인 프로세스 위주로 알려 드렸습니다. 유튜브 내용에 대한 유튜브 관련 도서나 영상으로 더 공부할 수 있습니다.

유튜버 하기 전에 공부하면 좋은 도서

① 《유튜브 크리에이터 쉽게 시작하기》 (강민형, 박현우)

② 《유튜브로 돈 벌기》 (국동원, 이혜강)

③ 《유튜브 상위 노출의 모든 것》 (민진홍, 최규문)

초급 유튜버를 위한 영상

유튜브 랩 채널 : 유튜버를 위한 A~Z까지 잘 나와 있습니다.

〈유튜브 랩 채널〉

[기말과제]

블로그에 글을 올리고 학과장에게 제출하기

블로그에 글 한 편을 올리고 학과장에게 제출해 보세요.

한 편의 글이 마중물이 되어 블로그와 포스트 에디터, 브런치 작가, 유튜버로의 성장을 도와 줄 겁니다.

글 제목 ______________________________

대주제

____

____

____

____

____

____

【제2학기】

제7장 전공실기 3

셀프 홍보 실무 : SNS 활용법

사람이 찾아오게 하는 블로그 운영

몇 해 전 유튜브를 통해 한 영상이 공유되었습니다. 야채 파쇄기를 파는 분의 영상이었는데, 그분이 시연하는 장면이었습니다. 독특한 말투로 당근, 무, 양파 등을 파쇄기에 넣어 5분도 안 돼서 다 갈아내는 모습을 보니 사고 싶은 충동이 일더군요. 저 야채 파쇄기만 있으면 요리할 때 힘도 덜 들이고, 시간도 단축할 수 있을 것만 같았습니다. 조회수 500만 뷰를 기록했으니, 저와 같은 마음이었던 분들이 많았을 겁니다. 아쉽게도 그 분에게 연락할 방법이 없었습니다. 만약 그 영상에 블로그 주소라도 있었더라면 어땠을까요? 많은 분이 블로그에 방문하여 그분에게 야채 파쇄기를 주문했을 겁니다.

나의 재능이 필요한 소비자는 늘 존재합니다. 어떤 사람은 몇 년 걸려도 해결하지 못할 일을 누군가는 단 10분 만에 해결해 줄 수도 있습니다. 내가 10분 만에 해결할 수 있는 일이 있는데, 정작 도움받아야 할 사람이 나를 찾아낼 방법이 없다면 어떻겠습니까? 내가 가진 가치를 제대로 세상과 공유할 수 없겠죠.

블로그는 소비자와 나를 연결해 주는 소중한 소통의 창구가 될 수 있습니다. 운영을 잘하기만 하면 온라인 오피스의 역할도 톡톡히 해냅니다. N잡러가 된다는 것은 결국 나만의 커리어를 만들어 세상과의 공유를 통해 수익화하는 데 있습니다. 내가 가진 재능이나 전문지식이 아무리 훌륭할지라도 사람과 거래될 때만 그 가치를 인정받을 수 있습니다.

그러기 위해서는 블로그를 제대로 운영할 줄 알아야 합니다. 블로그는 N잡러 자신이 어떤 일을 하는 사람인지를 알리는 명함이자, 회사의 홈페이지 역할을 합니다. 회사 홈페이지에는 회사의 연혁과 스토리, 그들이 제공하는 상품이 잘 제시되어 있습니다. N잡러의 블로그는 회사의 홈페이지와도 같습니다.

지금부터 일거리를 부르는 N잡러의 블로그 운영법에 대해 알려드리겠습니다.

블로그의 콘셉트 정하기

N잡러의 블로그는 하나의 콘셉트를 가져야 합니다. 콘셉트는 블로그를 아우르는 메인 주제라고 할 수 있습니다. 육아 블로그, 영어

블로그, 영화 블로그, 마케팅 블로그, 요리 블로그 등 하나의 카테고리가 있어야 합니다. 그래야 블로그 콘셉트가 명확해집니다. 하나의 주제로 시작한 후, 그와 연관성이 있는 주제로 점점 확장해 나갑니다. 블로그는 N잡러로서 일을 점점 확장할 수 있게 도와줍니다.

블로그 꾸미기

블로그 콘셉트를 정했다면, 그것에 맞게 블로그를 꾸며야 합니다. 나의 개성을 드러내거나 전문성을 돋보이게 할 디자인을 하나 정해서 대문을 만들고 블로그 카테고리를 꾸며 보세요. 오프라인 매장도 오픈할 때는 인테리어와 간판에 신경 쓰잖아요. 똑같습니다. 잘 정돈된 블로그는 나의 전문성을 드러내는 홈페이지 역할을 합니다. 내면이 아무리 아름다워도 외적으로 어필하지 못하면 내적 아름다움을 발견할 기회조차 없게 됩니다. 블로그 꾸미기는 나의 콘텐츠를 돋보이게 하는 역할을 합니다. 보기 좋은 떡이 먹기도 좋다는 말을 잊지 마세요.

여기서 잠깐! 미리캔버스를 활용한 블로그 대문 꾸미는 방법을 소개합니다*(207~208페이지 참고)*.

① 미리캔버스를 실행하여 마음에 드는 템플릿 하나를 고릅니다.

이때 직접 찍은 사진이나 여러 도형을 활용하여 새로운 포맷을 만들어도 됩니다.

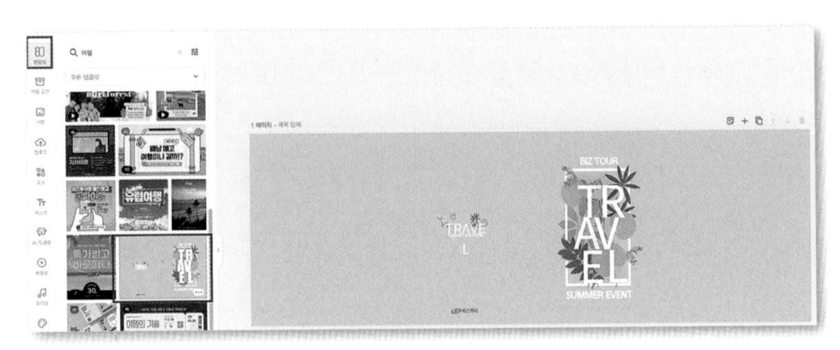

〈템플릿 설정, 출처: 미리캔버스〉

② 템플릿 하나를 설정했다면, 〈디자인 만들기〉에서 〈직접입력〉을 선택하여 크기를 설정합니다. 블로그 대문은 보통 2,000(1920)×700 정도의 크기로 설정합니다. 그 후에 대문

〈사이즈 직접 입력〉

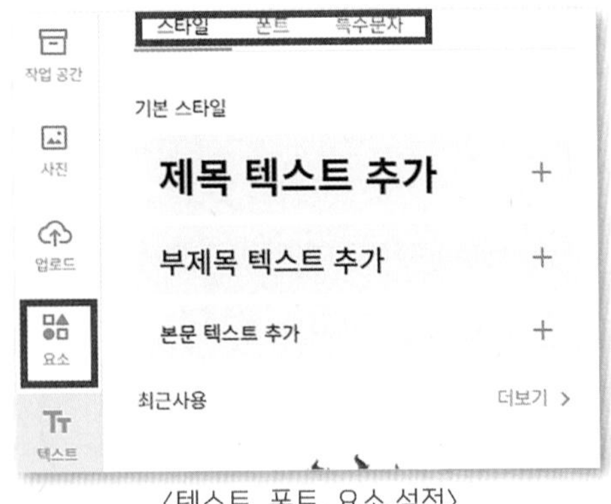

〈텍스트, 폰트, 요소 설정〉

에 넣을 문구를 생각하여 글자를 쓰거나, 〈요소〉에서 제공하는 도형 추가하며 나만의 대문 이미지를 만듭니다. 이때 내 사진에서 업로드 후 새로운 이미지를 추가할 수 있습니다. 원하는 색상으로 변경도 가능합니다.

③ 자신의 원하는 디자인을 생각하며 기본 포맷에서 디자인을 고려하여 원하는 대문 이미지를 만듭니다.

〈완성된 블로그 대문〉

④ 마지막으로 완성된 블로그 대문 이미지를 블로그에 등록합니다. 블로그 등록은 내 메뉴 → 세부 디자인 설정 → 스킨 배경 → 직접 등록 → 파일등록*(직접 만든 대문 이미지)* 후 하단 왼쪽에 적용을 누르면 됩니다. 이미지를 확인하시고 크기가 맞지 않으면 다시 조정 작업을 합니다.

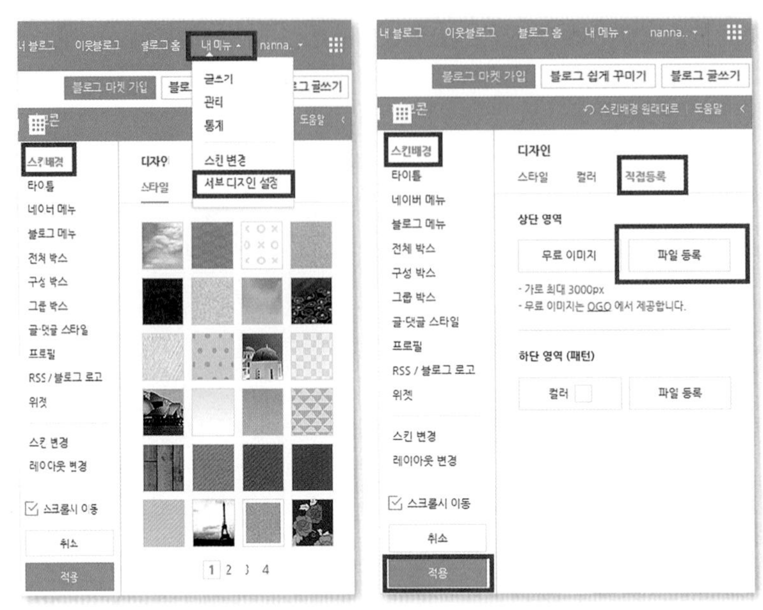

〈블로그 대문 이미지 등록, 출처: 네이버 블로그〉

정보성 글 공유하기

기자단, 체험단이 아니더라도 나의 주제에 맞는 정보성 글을 작성할 줄 알아야 합니다. 이는 블로그 운영자의 정체성을 드러내고, 추후 일거리와 연결을 할 수 있기 때문입니다. 정보성 글은 내가 정한 콘셉트와 관련 있는 글이어야 합니다. 예를 들어 영어 블로그로 정했다면 영어와 관련된 정보성 글을 써야 합니다. 작게는 자투리 시간 활용하는 영어 공부법부터 시작하여 다양한 상황에서 쓸 수 있는 영어 표현법을 써 보세요. 하나의 콘텐츠로 시작한 글이 쌓이면서 추후 나의 전문성까지 더해 줄 것입니다.

나의 활동 내용 공개하기

활동 내용이라고 해서 당장 어느 곳에 가서 강의하거나 일을 하는 모습이 아니어도 됩니다. 추후 활동 무대를 넓혀 나갈 나를 상상해 보세요. 그리고 차근차근 준비해 나가는 나의 모습을 공개하셔야 합니다. 예를 들어 초등 영어 전문가가 되려는 꿈을 가진 사람이라면 '처음 영어에 입문할 때 보기 좋은 초등 영어 공부 책', '아이들에게 보여주는 그림 영어 동화책' 등의 주제로 포스팅해 보세요. 그 후 실제로 내가 제공하는 정보 콘텐츠로 초등 영어 공부 모임 등을 만들어 활동해 보세요. 그런 경험들이 하나의 활동 내용이 됩니다. 지금의 작은 활동을 차곡차곡 기록해야 합니다. 그것이 쌓였을 때 나에게 복리로 돌아오기 때문입니다.

영역 확장하기

꾸준하게 나의 콘셉트에 맞는 글을 발행하면서 사람들의 반응을 살펴보세요. 무엇을 원하는지 어떤 것을 기대하는지가 보이기 시작합니다. 그러면 그들의 니즈(*needs*)를 반영하여 나의 일의 영역을 하나씩 펼쳐 보세요. 첫 시작이 어려울 뿐이지, 막상 일거리를 스스로 만들기 시작하면 재미가 느껴질 겁니다.

위의 다섯 가지만 잘 실천하시면 어느새 콘셉트 있는 블로그 운영자가 됩니다. 내 블로그에는 나의 전문성을 증명해 주는 콘텐츠와 그와 맞게 활동했던 내용이 쌓이게 됩니다. 시간이 지나면 이러한 기록들이 나만의 커리어 포트폴리오가 되고, N잡러의 역사가 됩니다.

그런 역사를 지켜본 사람들이 나의 팬이 됩니다. 또 누군가는 나를 초청하여 일을 같이하고 싶어 할 것입니다. 어떤 이는 함께 일을 해 보자며 일거리를 제안하기도 할 것입니다.

블로그 운영만 잘해도 10명의 영업 사원 부럽지 않습니다. 영업 사원은 월급을 줘야 하지만 블로그는 돈이 들지 않습니다. 시간이 지날수록 블로그의 가치가 올라가기도 합니다. N잡러에게 블로그는 헤드 오피스이자 영업 사원입니다. 내가 안방에서 쉬고 있어도 나에게 일거리를 불러와 주고, 나를 홍보해 주는 블로그. 시간을 내어 투자 안 할 이유가 없습니다.

인스타그램으로 똑똑하게 홍보하는 법

화려한 도시의 대명사인 뉴욕을 떠올려 보겠습니다. 고층 빌딩과 반짝이는 네온사인이 하나의 작품처럼 아름다운 뉴욕의 밤이 떠오르시나요? 그 화려한 자태로 도시 자체가 관광지가 되었죠. 블로그가 호주의 자연 같은 느낌이라면, 인스타그램은 뉴욕의 밤거리처럼 눈이 부십니다. 인스타그램은 지금도 계속 진화하고 있습니다. 단순히 감성 사진 한 장으로 '좋아요'를 받던 시대에서 정갈한 카드 뉴스가 더욱 주목받는 시대로 바뀌었습니다. 그 이후에는 영상이, 지금은 짧은 영상 릴스가 주목받고 있습니다. 인스타그램의 트렌드가 제아무리 빠르더라도 기본적으로 통용되는 것이 있습니다. 그것만 잘 지켜나가도 N잡러로서의 활동은 이어갈 수 있고, 지속적인 직업의 확장도 가능합니다.

블로그가 긴 호흡의 플랫폼이라면 인스타그램은 감각적이고 즉각적으로 자신을 드러내고, 나만의 콘텐츠를 알리는 창구입니다. N잡러의 시작이 미미할지라도 자신의 직업을 확장하기 위해서는 인스타그램 활용은 필수입니다.

N잡러는 스스로 일거리를 창조하기도 해야 하지만, 외부에서 일거리를 부르면서 수익 구조를 다양하게 만들어야 합니다. 인스타그램을 잘 활용하면 협업 및 업무 제안을 받을 수 있습니다. 그뿐만 아니라 자신이 만든 상품과 서비스 홍보 등 여러 방면으로 유용하게 쓸 수 있습니다. N잡러에게 필수인 일거리를 부르는 인스타그램 활용법을 몇 가지 소개합니다.

전문가다운 프로필 작성

나를 알게 된 사람이 인스타그램을 방문했을 때, 가장 먼저 보는 것이 프로필입니다. 어떤 사람인지 파악하기 위해 인스타그램의 프로필은 한 마디로 온라인 명함이라고 생각해야 합니다. 다음은 전문가다운 프로필을 위해 알아야 할 사항입니다.

① 인스타그램 프로필을 작성할 때는 가장 먼저 계정의 이름과 닉네임의 이름이 일치해야 합니다.

예) 인스타그램 계정 이름 : @wooheekyoung_bookstore

닉네임 : 우희경책방

② 자기소개는 현재 하는 일의 성과를 소개합니다. 만약 아직 직업 확장이 되지 않았을 경우라면 앞으로 하고 싶은 일을 준비하고 있다고 씁니다.

③ 프로필 사진은 인물, 닉네임을 강조하는 것으로 바꿉니다.

위와 같은 방식으로 프로필을 단장만 잘해도 훨씬 전문가다운 분위기를 연출할 수 있습니다. N잡러는 자신의 이름을 걸고, 그것에 맞게 일의 성과를 보여야 합니다. 아마추어에서 시작했더라도 프로가 되기 위해서는 이미지 브랜딩에 신경을 써야 합니다.

전문성을 염두에 둔 피드 구성

N잡러의 인스타그램은 단순한 일상으로 구성해서는 안 됩니다. 일거리를 만드는 인스타그램에서 갑자기 어디서 밥 먹은 이야기, 어떤 친구를 만났는지 등 일상은 그 사람의 전문성을 드러내기에 적합

하지 않습니다. 따라서 피드의 구성 또한 일과 관련된 이야기를 줄 수 있는 사진 혹은 자신의 전문성을 표현할 수 있는 피드를 중심으로 구성 되어야 합니다.

일하는 모습이 주를 이루는 피드로 구성하는 법

자신이 하는 일을 사진으로 남겨 보여 줘야 합니다. 일과 관련된 사람 만난 이야기, 혹은 배움을 이어가는 모습, 상담하는 모습 등 실

〈일하는 모습 위주로 구성한 피드의 예〉

제로 내가 활동하고 있는 사진을 노출해야 합니다. 여기서 아직 일을 하고 있지 않은 경우라면 자신의 일상으로 시작하면 되지만 시시콜콜한 일상이 아니라 무언가를 준비하는 모습을 담긴 사진이 좋습니다.

전문적 콘텐츠로 피드를 구성하는 법

전문적인 콘텐츠는 주로 카드 뉴스를 만들어서 활용합니다. 카드 뉴스에 자신이 담고 싶은 메시지를 적거나, 혹은 공부한 내용을 일목요연하게 정리하여 만듭니다. 예를 들어 추후 온라인을 활용하여 영어 관련 일을 하고 싶은 경우, 영어 표현 소개하는 방식의 카드 뉴스를 발행하는 것이 자신의 전문성을 드러내는 좋은 방법입니다.

피드의 톤 앤 매너 고려

인스타그램의 경우 다른 사람의 계정에 들어가면 한눈에 계정의 분위기를 파악할 수 있다는 장점이 있습니다. 이런 장점을 활용한 것이 톤 앤 매너*(tone and manner)*를 고려한 구성입니다. 톤 앤 매너란 색상, 분위기, 방향, 표현법에 대한 전반적인 방법론을 포함하는 것으로 전체적인 콘셉트라고 할 수 있습니다.

인스타그램에서 톤 앤 매너를 고려한 구성으로는 전반적인 분위

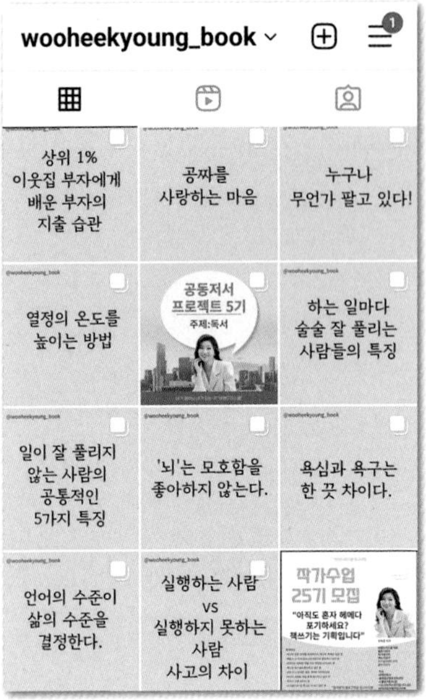

〈톤앤매너를 고려한 카드 뉴스형 피드구성〉

기를 맞추거나 색상을 맞추는 방법이 있습니다. 일정한 색상을 지속해서 노출하거나 하나의 분위기를 정해서 피드를 구성하는 방법이 일반적으로 활용되고 있습니다.

N잡러에게 인스타그램은 일과 연결되어 있어야 합니다. 단순히 일상을 기록하는 것이 아니라 프로의 모습 혹은 프로로 성장하는 모습이 담겨 있어야 합니다. 인스타그램에 피드를 올리는 일이 당장의 수익을 안겨주지 않아도 괜찮습니다. 농부가 씨앗을 뿌린다는 느낌으로 정성을 들여야 합니다. 그래야 나를 신뢰하는 사람이 생기고 그런 사람들이 나에게 일거리를 안겨 주는 사람이 됩니다.

페이스북 스마트하게 활용하기

인스타그램이 활성화되기 전까지 페이스북은 SNS의 최강자였습니다. 인스타그램, 유튜브, 틱톡 등 다양한 채널이 생기면서 페이스북의 인기는 예전 같지 않습니다. 그러나 페이스북은 오래된 소셜 미디어입니다. 그만큼 골수팬이 많습니다. 그뿐만 아니라 오랫동안 페이스북에서 활동하고 계신 분들이 있기 때문에 여전히 파워있는 소셜 미디어입니다.

블로그, 인스타그램, 포스트, 유튜브 등 다양한 채널을 한꺼번에 활용하다 보면, '혼자 이것을 언제 다 해?'라는 생각도 듭니다. 홍보 채널은 많으면 좋지만, 집중적으로 두 개 정도에 힘을 쏟고 다른 부분은 힘을 빼고 운영해야 길게 갈 수 있습니다.

앞서 언급했듯이 페이스북의 장점은 오랫동안 활동하는 유저가 많다는 겁니다. 오랜 유저들이 시간이 흘러 4060의 중·장년이 되었습니다. 각자의 자리에서 역량을 갖추고 활동하고 계신 분도 많습니다. 따라서 활동만 잘하면 이미 자리를 잡은 역량 있는 분들의 눈에 띄어 새로운 기회를 맞이할 수 있습니다.

N잡러로 활동하고 있는 N씨는 페이스북에 자신의 활동 내용을 공개했습니다. 책 출간 후 강연하는 모습 중심으로 자신을 홍보하는 창구로 활용했습니다. 그의 활동을 눈여겨봤던 대학교수, 학원 원장이 그에게 강연을 요청했습니다. 이미 자신의 분야에 자리를 잡고 역량 있는 분들이 모여 있는 페이스북이라 가능한 일입니다. N씨는 지금도 여전히 페이스북을 활용하여 외부에서 업무 제안을 받고 있습니다.

저도 페이스북이 매개체가 되어 강연으로 이어진 경험이 있습니다. 책 출간 후 소식부터 시작하여 조금씩 성장하는 모습을 보여주었더니 모 기관과 도서관으로부터 강연 제안이 들어왔습니다. 일거리를 부르는 소셜 미디어가 되었던 거죠.

페이스북의 가장 큰 장점은 각 분야의 역량 있는 사람들이 많은 활동을 하고 있다는 점입니다. 정치인, 경제인, 스포츠인, 기업인, 연예인, 저자, 강사 등 퍼스널 브랜딩이 필요한 직업군이 포진해 있습니다. 실례로 페이스북에서 활동하다 보면 이런 분들과 소통하게 되는 경우도 많고, 일거리로 연결되는 경우도 허다합니다. 똑같은 페이스북을 운영해도 누구는 일거리를 부르고, 누구는 기록장으로만 사용할까요? 그 차이는 페이스북 운영을 바라보는 관점의 차이에서 온다고 할 수 있습니다.

가끔 페이스북에 개인 일기를 쓰시는 분들이 계십니다. 감정을 거르지 않는 자신의 일상 기록을 쓰는 것은 프로답지 못한 소셜 미디어 운영입니다. 일상과 직업인 계정은 엄연히 다릅니다. N잡러는 직업인으로서의 태도를 지녀야 합니다. 직업인이 되어 자신의 하는 일 중심으로 사진을 올리고 글을 써야 합니다. 같은 일상을 올리더라도 '프로의 관점'을 더해서 올려야 합니다. 그래야 시간이 지나면서 나를 관심 있게 보는 사람들이 생깁니다. 그러면 자신이 하는 일을 알리고 일거리를 부르는 페이스북은 어떻게 운영해야 할까요?

매력적인 사진으로 어필하라

페이스북도 인스타그램과 마찬가지로 사진이 기반이 된 소셜 미디어입니다. 인스타그램의 유저 자체가 나이층이 젊기 때문에 최근에는 릴스가 주 콘텐츠를 이루고 있습니다. 그러나 페이스북은 아직도 매력적인 사진 한 장으로 '좋아요'를 받을 수 있습니다.

보기 좋은 떡이 먹기 좋은 것처럼 페이스북에 올리는 사진 또한 고심하며 올려야 합니다. 자신의 하는 일을 중심으로 일상의 매력적인 모습을 사진으로 찍어 사람들에게 호감을 주게 하는 것이 포인트입니다. 셀카 한 장을 올릴 때도 여러 번 찍어서 그중에서 가장 매력적인 사진을 올리세요. 실물에 자신이 없다고 걱정할 필요 없습니다. 다양한 카메라 앱을 활용하면 본래 자기 모습보다 훨씬 매력 있는 모습을 찍을 수 있습니다.

자신의 활동사진도 다양한 각도에서 찍고 입체적인 느낌이 나도록 해야 합니다. 단순히 앞에서만 찍은 사진이 아니라, 앞/옆/타이트한 샷/와일드한 샷 등 생생한 현장감을 느낄 수 있는 사진이 훨씬 유저들의 호감을 사기 쉽습니다.

일상에 전문성을 더하라

페이스북은 인스타그램과는 달리 일상 공유를 좋아하는 분들이 많습니다. 몰랐던 사람들의 일상을 들여다보거나 그들의 생각을 알고 싶어 하기 때문인데요. 자유롭게 일상의 모습을 올리면서 그 일상에 자신만의 전문적 관점을 더해 보는 겁니다. 예를 들어 카페에서 친구들을 만난 일상을 공유할 때도 전문적 관점을 추가 할 수 있습니다.

〈페이스북 글쓰기 예시〉

오랜만에 고등학교 친구를 만나, A 카페에 갔다 왔어요. 글쓰기에 편한 소파와 밝은 조명이 마음에 들었어요. 다음 초고는 이 카페에 자주 와서 써야겠어요. 매일 읽고 쓰는 저에게는 조용하고 편한 소파가 있는 카페에 가는 것이 참 행복한 일입니다.

위의 예시는 누구나 말할 수 있는 친구와의 일상입니다. 그러나 친구와 카페에 갔던 이야기를 하면서 자기 전문성(글을 쓰는 사람)의 관점을 드러냈습니다. 이런 글은 다른 사람이 그 사람의 하는 일을 인식하게 하는 역할을 합니다. 매력적인 사진 한 장에 '프로의 관점'을 더한 글을 써 보세요. 페이스북이 '나'를 세상에 알려 줍니다.

Heekyoung Woo
6월 28일 ·

혼자 쓰고 싶어 꽁꽁 숨겨 놨던

주제 공저 주제로 공유하여

여러 분들의 출간을 도왔습니다.

이제 제 개인저서 쓰고 싶은 마음이

차 올랐어요. 공저에서 다 풀지 못한

내용들 하나씩 개인저서로 풀겠습니다 ♡

그 중 하나 개인저서 초고 완성후

탈고중입니다.

탈고 끝나고 좀 쉴까 했는데

어제 모 출판사 본부장님이

다른 기획 출판 제안 주셨어요ㅠㅠ

이 넘의 일복 어찌 할까요?

〈사진과 함께 일하는 일상을 게시한 예〉

원 소스 멀티 유즈로 활용하기

페이스북이 메인 홍보 매체가 아닌 경우에는 원 소스 멀티 유즈(*One Source Multi Use*) 콘텐츠로 활용합니다. 인스타그램에서 페이스북 연동 기능을 활용하여 인스타그램에 피드 게시물을 올리는 동시에 페이스북에 올리면 시간을 단축할 수 있습니다. 하나의 잘 만든 콘텐츠를 여러 채널에서 동시에 활용할 수 있다는 점은 큰 장점이 아닐 수 없습니다.

인스타그램 게시물을 페이스북과 연동하는 방법은 인스타그램의

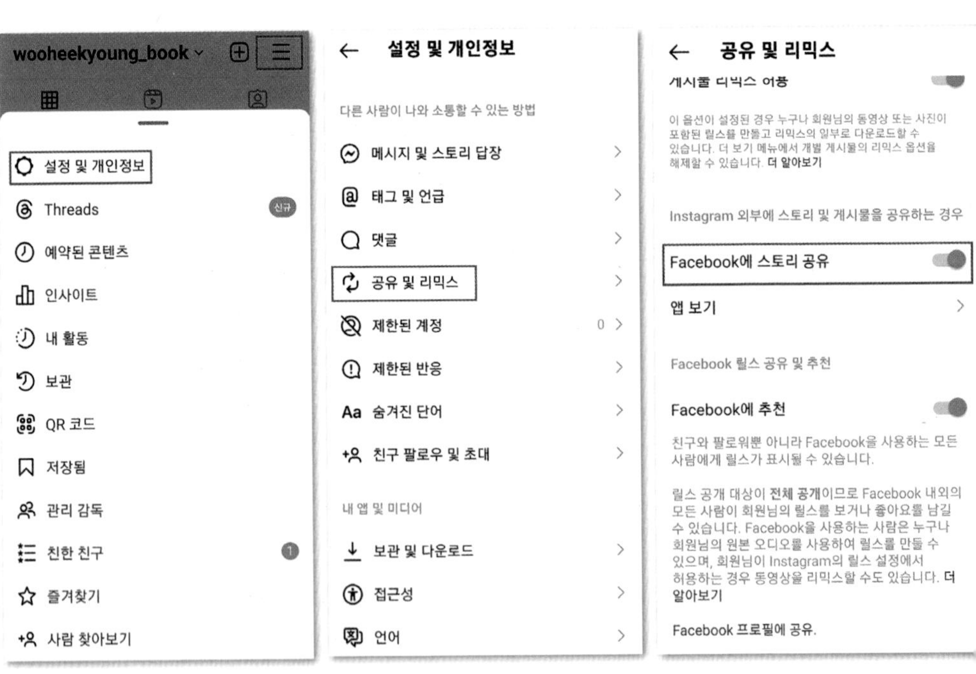

〈출처: 인스타그램〉

〈설정 및 개인정보〉 클릭 후, 〈공유 및 리믹스〉에 들어갑니다. 거기에 Facebook 스토리 공유를 허용하면 됩니다.

가끔 페이스북에 같은 게시물을 올리면 "식상할 수 있지 않을까요?"라는 질문을 하는 경우가 있습니다. 인스타그램 유저와 페이스북 유저가 다른 경우가 있으므로 이 부분은 염려하지 않으셔도 됩니다.

혹시라도 다른 운영을 원하신다면, 인스타그램 게시물은 카드 뉴스 형식으로 페이스북은 일상 중심으로 운영하셔도 됩니다. 다양한 채널을 통해 나를 알리고, 내가 하는 일을 홍보하다 보면 어떤 기회가 주어질지 모릅니다. 이미 많은 N잡러들이 페이스북에서 일거리로 연결되는 사람을 만나고, 또 실제로 일거리를 부르고 있으니까요.

블로그, 인스타그램 두 가지에 집중하더라도 페이스북은 포기하지 마세요. 인스타그램 연동 기능을 통해 꾸준하게 게시물을 올려보세요. 누군가는 보고 있다는 사실만 잊지 마세요. 페이스북은 서브 채널로 운영해도 좋은 채널입니다.

제8장 전공실기 4

온라인 강사 실무 : 온라인 강의 런칭

나의 전문 분야 찾기

온라인 강의 전성시대입니다. 유튜브만 틀어도 여러 전문가의 훌륭한 강의를 들을 수 있습니다. 영어 사용의 불편함이 없다면 미국 유명 저자나 교수의 수업까지 무료로 들을 수 있습니다. 꼭 명문 대학에서 받은 학위가 없어도 됩니다. 지금은 일반인들이 강사로 데뷔할 수 있는 열린 세상입니다.

과거 10년 전만 하더라도 기업 강사 중심으로 강의가 이루어졌습니다. 자신만의 특출한 직장경력이나 탁월한 킬링 콘텐츠가 있을 때만 도전해 볼 수 있는 분야였습니다. 지금은 그렇지 않습니다. 개인이 가진 경험과 지식의 가치가 커지면서 마음만 먹으면 자신이 가진 경험과 지식으로 강의 콘텐츠를 만들 수 있습니다. 이미 많은 분이 직장생활과 병행하며 온라인 강사로 데뷔하고 있습니다. 일정 기간 직장경력 없이도 온라인 플랫폼만 잘 운영해도 온라인 마케팅 강사로 데뷔하는 경우도 심심치 않게 봅니다.

이렇게 분위기가 바뀐 이유는 사람들이 '전문가'를 바라보는 시선이 유연해졌기 때문입니다. 예전에는 한 분야의 석·박사가 되어 그 분야를 깊이 연구한 사람을 전문가로 여겼습니다. 또 학문 영역이 아니더라도 일정 기간 사회 경험을 통해 실무 경험을 쌓고 실전에서 탁월한 성과를 낸 사람만이 전문성을 인정받았습니다. 지금은 자신이 알고 있는 것을 '콘텐츠'로 잘 표현하는 사람을 전문가로 인식합니다. '증명의 시대'이기 때문입니다. 아무리 훌륭한 전문 지식을 알고 있다고 하더라도 그것을 글로 표현을 못 한다면 사람들은 그 사람이 어느 정도의 지식을 가졌는지 알 수 없습니다. 당연히 전문성을 인정받을 수 없습니다.

앞서 관심 있는 분야를 정해 일정 기간 인풋의 단계를 거쳐 온라인 콘텐츠 만들기로 증명하라고 말씀드렸습니다. 대중들에게 내가 알고 있는 것이 어떤 것인지를 알려 주면서 '나'를 해당 분야의 전문가로 인식하게 만드는 작업인 셈입니다.

그 이후에는 어떻게 해야 할까요? 이제 본격적으로 온라인 강의 준비해야 합니다. 인풋을 충분히 했다면, 그다음은 아웃풋을 하는 단계입니다. 강의로 아웃풋 하기 위해 나의 강의 분야를 정하는 것이 필요합니다. 강의 분야를 정하기 전에 몇 가지 정리를 해 보겠습니다.

킬링 강의 콘텐츠를 찾기 위한 질문 리스트

① 나의 전문 분야는 무엇인가?

② 내가 가장 자신 있는 분야는?

③ 내 분야 중 어떤 것을 가장 강점으로 내세울 것인가?

④ 유사 분야 강의 중 어떤 것이 가장 인기가 많은가?

⑤ 나의 경쟁력은 무엇인가?

⑥ 사람들이 필요로 하는 것인가?

이전과는 달리 온라인 강의가 활성화되면서 경쟁 또한 치열해졌습니다. 진입장벽이 예전보다 높지 않다는 것은 그만큼 이미 앞서간 경쟁자가 있고, 또 앞으로 예비 경쟁자가 생겨날 가능성이 있다는 말입니다. 따라서 자신이 하고 싶다는 생각 하나로만 덤비는 우를 범하지는 마세요. 사전 준비를 철저하게 하고 론칭하기 전부터 데이터 분석을 통해 전략을 세울 필요가 있습니다.

강의 분야를 정하기 전 질문이 필요한 이유는 한 분야라 할지라도 화자에 따라 다르게 표현할 수 있기 때문입니다. 위의 질문 리스트를 참고하여 부동산 분야의 예를 들어 보겠습니다.

1) 나의 전문 분야는 무엇인가?

답 : 부동산 투자

2) 내가 가장 자신 있는 분야는?

답 : 부동산 투자 중 분양권

3) 내 분야 중 어떤 것을 가장 강점으로 내세울 것인가?

답 : 분양권 투자에서 배점 잘 받는 법

4) 유사 분야 강의 중 어떤 것이 가장 인기가 많은가?

답 : 다주택자를 위한 분양권 전략

5) 나의 강의의 경쟁력은 무엇을 정할 것인가?

답 : 분양권으로 내 집 마련을 하고자 하는 사람들을 위한 분양권 전략

6) 사람들이 필요로 하는 것인가?

답 : 내 집 마련하고자 하는 사람들은 필요하다.

나의 킬링 콘텐츠

내 집 마련을 원하는 사람을 위한 '분양권 1순위 전략'

위처럼 '부동산' 분야를 자신의 전문 분야로 정한다고 할지라도, 세부 전공은 여러 갈래로 나뉠 수 있습니다. 강의 분야를 정할 때는 폭넓은 분야로 선정하는 것이 아니라, 하나의 전문 분야에서도 특정한 세부 전공을 선택해야 합니다. 부동산 하나만 봐도 아파트 투자, 상가 투자, 원룸 투자, 토지 투자, 지식센터 투자, 경매 투자, 공매 투자, 분양권 투자 등 다양한 분야가 있습니다. 물론 두세 가지 이상을 투자하여 전문성을 갖추고 있고, 경험이 있다고 할지라도 강의 분야를 정할 때는 하나의 특정 분야부터 시작해야 합니다. 그래야 그 분야의 전문성을 인정받게 됩니다.

처음 온라인 강의를 준비하는 분들이 놓치기 쉬운 것이 있습니다. '타깃층'입니다. 온라인 강의는 외부 강의와는 달리 강사가 모객해야 됩니다. 따라서 강의 분야를 정할 때 미리 내가 선택한 강의 분야의 타깃층이 정확한지 파악해야 합니다. 강사에게 강의는 하나의 서비스 상품입니다. 강의라는 서비스 상품을 잘 판매하기 위해서 필요한 것은 내 강의를 기꺼이 들어 줄 '고객'입니다. 온라인 강의를 준비하는 강사라면 예상 청중을 고려하여 그들에게 시간이 아깝지 않을 정보를 주어야 합니다.

그러기 위해서 강의 준비 단계부터 '나는 누구에게 이 강의를 하고 싶은가?'를 질문해야 합니다. 상품을 기획할 때 고객층을 고려하는 것도 똑같습니다. 강사라고 해서 청중보다 우위에 있다는 생각은 금

물입니다. 오히려 내가 제공하는 강의 수준을 높이고, 아낌없이 주겠다는 마음으로 고객 만족을 추구하는 것이 옳습니다.

강의 준비 단계는 첫 단추 끼우기와 마찬가지입니다. 이 단계에서 자신이 자신 있는 분야와 추후 시장에 내놓았을 때 시장성이 있는 분야를 준비하는 것이 좋습니다. 그래야 실전에서 강의를 론칭하게 될 때도 타깃층이 정확하여 모객이 쉽습니다. 처음부터 잘하지는 못할지라도 강의 분야 선정 단계부터 세부적인 계획을 짜서 나만의 '킬링 콘텐츠'를 만드는 것이 중요합니다. 심도 있게 고민한 킬링 콘텐츠가 사람들에게 인정받으면서 눈덩이처럼 부풀려져 굴러가게 됩니다. 그러니 첫 기획 단계에서 많이 고민하세요. 그 고민하는 시간이 절대 헛되지 않을 겁니다.

실전 강의안 만들기

유튜브를 보다 보면 깜짝 놀랄 때가 있습니다. 전문 교육을 받은 것처럼 말을 잘하는 유튜버들이 너무도 많습니다. 물론 여러 차례 연습을 하고 촬영한 겁니다. 이것에 끝나지 않고 편집을 통해 잘하는 부분만 골라서 유튜브 영상을 만들고 있을 겁니다.

지금처럼 글쓰기와 말하기를 능한 사람이 주목받는 시대는 없었습니다. 초등학생들이 선호하는 직업으로 유튜버가 상위권으로 떠올랐으니까요. 말을 잘하는 사람을 보면 부럽습니다. 어쩌면 그렇게 청산유수처럼 말을 잘할까요? 말은 단순히 스킬만으로 잘하는 것은 아닙니다. 막힘없이 말하는 유튜버들에게는 알고 보면 잘 짜인 원고가 있습니다. 구성이 잘 된 원고를 바탕으로 말하면 말하는 스킬이 조금 부족하더라도 잘하는 것처럼 보입니다.

강의를 잘하는 강사들도 이와 비슷합니다. 단순히 말을 잘한다기보다 강의안 자체가 탄탄한 경우가 많습니다. 아는 지식이 많고, 전달하고자 하는 메시지가 분명하다면 타고난 말솜씨가 없어도 강의할 수 있습니다.

강의를 일정 수준 이상으로 하기 위해 가장 먼저 필요한 것이 '강의안' 만들기입니다. 여러 차례 강의해 본 사람이라면 자신의 지식을 기반으로 강의안을 만드는 것이 어렵지 않습니다. 강의안을 만드는 일은 하나의 프로세스이고, 그런 형식에 맞게 주제만 바꾸면 되기 때문입니다. 온라인 강사가 되기 위한 첫 번째 과제인 강의 주제 선정이 끝났다면, 이제는 본격적으로 팔리는 '강의안' 만들기에 돌입해야 합니다.

한번 잘 만들어진 '강의안'을 토대로 줌(Zoom)을 활용하여 온라인 강의를 할 수 있습니다. 그뿐만 아니라, 클래스101, 클래스유, 라이프해킹스쿨 등 여러 온라인 강의 플랫폼에 팔며 다양한 파이프라인으로의 확장이 가능합니다. 그러니 처음 만들 때부터 성심성의껏 고민하며 만들어야 합니다. 자! 그러면 강의안을 만들기 전에 먼저 강의 기획서를 만들어 보겠습니다.

강의 기획서를 만들 때 가장 먼저 고려해야 할 사항은 WHO(누구)에게 WHAT(무엇을) 제공할지 결정하는 겁니다. 강의 주제 선정 단계에서 대략적인 강의를 들을 고객층과 어떤 차별화된 콘텐츠를 선정했다면, 이제는 조금 더 구체화해야 합니다. 강의 기획서를 만들었다면 큰

강의기획서

강의 주제			
강의 목적			
강의 대상			
강의 진행방식			
강의 후 기대효과			
상세 커리큘럼			
구성	배정시간	주제	세부내용
1			
2			
3			
4			
준비물			
비고			

가이드라인에 맞춰 세부적인 계획을 짜야 할 단계입니다. 다음은 강의안 만드는 법입니다.

강의안 만들기

① 전체 흐름을 고려하여 구성합니다.

② 유튜브 원고처럼 구성이 탄탄해야 지루하지 않습니다. 따라서 처음 강의안을 만드는 분이라면 전체 구성을 먼저 해야 합니다. 여기서 말하는 전체 구성이란 기-승-전-결 구조에 따라 강의 초반부에 들어가야 할 내용, 중반부 내용, 후반부 내용을 그려 보는 겁니다. 이것이 전체 구성입니다.

③ 큰 강의 목차를 먼저 만듭니다.

④ 강의 기획서에 맞춰 전체적인 강의 구성을 끝냈다면 전체 목차를 만들어 보세요. 기-승-전-결 구조에 따라 강의를 이끌어 가는 큰 제목이라고 할 수 있습니다. 강의의 큰 제목은 흐름을 고려하여 만들되, 핵심이 잘 드러나야 합니다. 그래야 강의를 듣는 분들이 강사가 말하고자 하는 바를 명확히 파악할 수 있습니다. 다음은 큰 제목을 만드는 예시입니다.

아래 예시처럼 강의 주제는 〈제4차 산업혁명 시대, N잡러로 생존

강의 주제 : 4차 혁명 시대, N잡러로 생존하기

제4차 산업혁명 시대, N잡러로 생존하기		
	기	ChatGPT의 등장과 인간의 일자리
	승	왜 N잡러인가?
		N잡러의 세계
	전	N잡러의 유형
		N잡 직업 확장 방법
		준비하기 위해 필요한 것
	결	N잡러의 전망

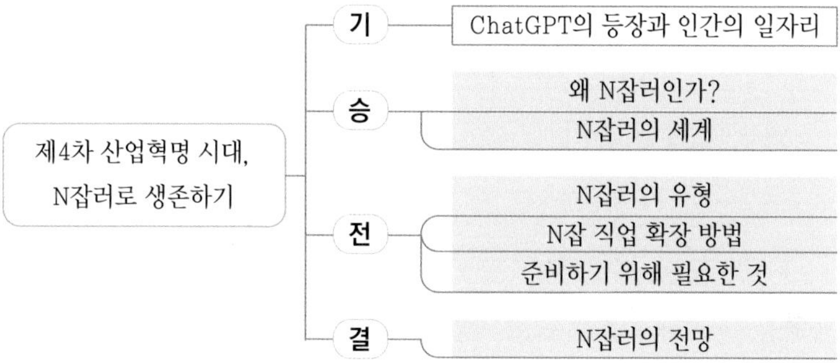

하기〉입니다. 그러면 이 강의를 듣는 사람은 N잡러에 관심이 있는 분입니다. 혹은 앞으로 변화하는 시대에 어떻게 살아가야 할지 막막한 사람입니다. 그렇다면 "그분들에게 필요한 것이 무엇일까?"라는 질문에서 큰 제목을 만들었습니다.

도입부에는 최근 화제인 ChatGPT의 등장으로 인한 일자리의 변화에 대해 화두를 열었습니다. 그에 따라 하나의 직업으로는 생존하기 어렵다는 의미를 담아 '왜 N잡러인가'로 자연스럽게 전개했습니다. 그 이후에 본론에서는 N잡러의 유형과 N잡으로 직업을 확장하기 위한 방법론, N잡러를 위해 준비해야 하는 부분을 풀었습니다. 마지막으로 시대의 변화에 따른 N잡러의 전망에 대해 알려주면서 강의를 마무리하고 있습니다. 강의 전체의 흐름을 먼저 정한 후 큰 제목을 정했기 때문에 흐름이 자연스러운 강의 목차가 되었습니다.

강의안을 짤 때 막막하다면 전체 그림을 먼저 그리고, 큰 제목부터 뽑아 보세요. 훨씬 쉽게 강의안을 만들 수 있습니다.

세부 제목 정하기

큰 제목을 만들어 전체 구성을 만들었다면 그다음에는 그 제목에 들어갈 세부 제목을 만드는 작업을 합니다. 세부 제목은 큰 테두리에 안의 주제에 맞게 섬세하게 알려주고 싶은 내용입니다. 보통 강의 시간을 고려하여 세부 제목은 조정할 수 있습니다. 앞의 예시처럼 7개의 큰 주제로 1시간 강의를 해야 한다면 1개의 주제 당 대략 5~10분 가량을 이야기해야 합니다. 그것에 맞게 1개의 주제에 맞는 소제목을 보통 3~5개 정도로 배분하면 시간 내에 강의할 수 있습니다.

강의안 채우기

세부 제목까지 만들었다면 강의안 만들기의 반 이상이 완성되었습니다. 그 이후에는 세부 제목에 어울리는 강의안을 만들면 됩니다. 세부 제목에서 꼭 들어가야 하는 내용으로 강의안을 채워 갑니다. 여기에는 문자, 그림, 사진, 동영상 등의 다양한 자료를 찾아 청중의 집중력이 흩어지지 않도록 합니다.

또 하나의 팁을 드리자면 최근 강의안 트렌드는 글씨를 많이 넣지 않는 겁니다. 강사가 말하고 싶은 핵심 내용만 짧은 문구로 만들어 임팩트 있게 강의안을 만드는 겁니다. 하나의 PPT를 띄워 놓고, 핵심 문구나 사진 하나로 이야기를 풀어 가는 방식을 많이 하고 있습니다.

그러나 이러한 방식은 초보 강사들에게는 어렵습니다. 처음부터 이렇게 임팩트 있는 강의안을 만들기보다 핵심 키워드를 나열하는 방식을 추천합니다. 초보 강사인 경우 하고 싶은 이야기는 많지만, 막상 강의하면 자신이 하고 싶은 이야기를 놓치는 경우가 발생합니다. 이런 점을 방지하기 위해서는 내용을 놓치지 않도록 강의안을 만드는 것이 훨씬 좋습니다.

검토 후 수정 보완하기

1차 초안 강의안을 만든 후에 끝내면 안 됩니다. 초보이기 때문에 계속해서 자신의 강의안을 보면서 검토하고 수정하며 보완해야 합니다. 이 단계에서는 부족한 내용을 추가하거나, 오·탈자 수정 등을 통해 강의안을 업그레이드합니다. 꼼꼼하게 보면서 강의안에 실수가 없도록 수정 보완 작업을 게을리하면 안 됩니다.

강의안은 위와 같은 과정을 통해 만들어집니다. 처음 하는 일이라서툴지라도 해보면서 실수하고 알아가는 것이 좋습니다. 만약 처음 강의를 시작하는 분들이라면 여러 강의를 먼저 들어보고 강의 흐름의 감을 잡으셔야 합니다. 강의안을 만드는 과정도 인풋이 많아야 아웃풋의 결과가 좋기 때문입니다.

장전된 총알이 많을수록 전쟁터에 가도 걱정이 없습니다. 실전 강의를 하기 전에 총알 장전 과정인 강의안을 꼼꼼하게 잘 만드는 일부터 차근차근 준비하시기 바랍니다.

강의 시뮬레이션 하기

아이들은 걷기를 배우고 뛰기 시작하면서 자신감이 붙습니다. 아파트 계단 오르기를 할 때, 한 스텝 한 스텝으로 가던 것을 갑자기 두 스텝씩 욕심을 내기도 합니다. 그러나 몇 번 두 스텝씩 뛰어서 올라가다 이내 지쳐서 포기합니다. N잡러도 마찬가지입니다. 올라가야 할 산의 고지가 멀긴 하지만 스텝 바이 스텝으로 올라가면 충분히 도착할 수 있습니다. 단 지쳐서 스스로 포기하지 않도록 속도 조절을 할 필요가 있습니다.

그동안 공부하면서 인풋하고 자기 것으로 소화하고 콘텐츠로 만들어 보는 연습을 했다면 어느새 미래로 가는 길이 조금씩 보이기 시작합니다. 이제 시장에 내가 쌓아 온 실력을 검증받을 단계까지 성장하셨습니다. 온라인 강사는 제가 제시하고 싶은 직업 중 하나입니다. 그 이유는 이미 오프라인 영역의 많은 부분이 온라인으로 전향하는 시대적 흐름 때문입니다. 또한 온라인 강의 영역만 잘 구축한다면 시간과 장소에 구애받지 않고 일을 할 수 있기에 공간적인 제약마저 사라집니다.

온라인 강의 분야를 구성하고 기획한 후 강의안으로 만들었다면 그다음 단계로 시뮬레이션을 해 봐야 합니다. 전쟁에 나갈 준비를 하는 군인들은 수없이 실전 같은 훈련을 합니다. 올림픽에 출전하는 선수들은 무려 4년이라는 시간을 자신의 실력을 갈고닦으며 연습합니다. 온라인 강사로 데뷔하기 전에 여러 차례의 '시뮬레이션' 강의를 통해 실전에서의 실수를 줄일 수 있습니다. 그렇다면 실전에서 떨지 않고 침착한 온라인 강사가 되기 위해서는 어떻게 준비해야 할까요?

첫째, 강의안을 보며 여러 번 말해 보는 연습을 합니다.

실제로 만든 완성된 강의안을 보며 혼자 여러 번 강의해 봐야 합니다. 이때 시간을 체크하면서 PPT마다 내가 하고 싶은 이야기를 정리하면서 최대한 나의 메시지를 놓치지 않는 것이 중요합니다.

만약 강의 자체가 처음이라면 강의 원고를 만들어서 그 원고를 토대로 말하는 연습을 해도 좋습니다. 강의 원고는 강의안을 글로 자세하게 풀어 쓴 원고로, 강의의 대본입니다. 한 나라의 대통령도 임기응

변으로 대중 연설을 하지 않습니다. 전문가들과 함께 쓴 대본이 존재합니다. 그 대본을 기초로 몇 번의 연습을 통해 실제 연설에 들어갑니다. 하물며 초보 강사인 경우에는 실전 강의가 자신 없다면 강의 원고를 작성하여 거의 암기할 정도로 숙달시켜야 합니다.

연습을 많이 하여 이제는 PPT만 봐도 어떤 이야기를 해야 할지 감이 온다면 원고 없이 강의만 보면서 실제로 강의하듯 말해 보세요.

둘째, 줌(Zoom)을 이용하여 실전 강의하듯 녹화를 해 봅니다.

줌은 혼자 영상을 찍고 녹화까지 할 수 있는 기능이 있습니다. 대부분의 온라인 강의는 보통 줌을 통해 이루어집니다. 갑자기 많은 사람 앞에서 강의하면 떨려서 자신의 실력을 발휘하지 못할 수 있습니다. 또한 내가 하는 것과 남들이 보는 것은 차이가 있습니다. 나는 괜찮게 했다고 생각할지 모르겠지만, 남들이 볼 때는 어색할 수 있습니다. 나의 실력은 내가 객관화할 수 없으니 미리 남의 시선으로 보는 나를 점검해 봐야 합니다.

줌을 통해 실제로 강의하듯 녹화해서, 강의하는 나의 모습을 담아봅니다. 시뮬레이션 녹화강의를 할 때는 최대한 실제로 사람들 앞에서 하는 것과 똑같은 환경을 조성합니다. 실제로 강의할 때 입을 의상을 챙겨 입고 메이크업하는 등 강의 당일 모습으로 녹화합니다.

셋째, 녹화 강의를 보며 피드백 시간을 갖습니다.

녹화 강의를 하면서 실전 감각을 익혔다고 끝이 아닙니다. 가장 중요한 단계가 남았습니다. 피드백하는 과정입니다. 내가 화면에서 어떻게 보이는지, 또한 어떤 말버릇이 있는지 냉정하게 평가해 보는 시간이 필요합니다. 분명 화면에 비친 나의 모습에 실망스러울 때도 있을 겁니다. 걱정하지 마세요. 지금부터 가장 나를 돋보이게 하는 방법을 찾으면 됩니다.

오프라인 강의에 비해 말의 속도가 말버릇도 크게 티가 납니다. 녹화 강의를 잘 살펴보면, 특정 어휘를 반복적으로 말하는 나를 발견할 수도 있습니다. '어', '저', '아'처럼 같이 말과 말을 이어줄 때 들어가는 표현이 있을 수도 있습니다. 이것을 발견하셔야 합니다. 그런 것은 실전에서도 나타날 수 있는 증상입니다. 미리 체크하여 연습을 통해 고쳐 나가면 됩니다.

피드백할 때 또 확인해야 할 부분은 '시선 처리'입니다. 오프라인 강의는 앞에 사람들이 있기에 한 명 한 명 눈을 마주칠 수 있지만, 온라인 강의는 아닙니다. 화면을 켜는 사람도 있지만 개인 사정상 화면을 끄는 분도 있습니다. 주변이 시끄러운 사람부터 심지어 다른 일을 하며 듣는 분도 있습니다. 오프라인 강의에 비해 집중도가 훨씬 떨어지기 때문에 실망스러운 눈빛을 보이거나 시선이 흔들리면 안 됩니다. 그런 부분까지 고려하여 내 시선이 안정적인가를 체크합니다.

그 후에는 나의 표정을 한 번 살펴봅니다. 온라인 강의는 표정이 적나라하게 드러납니다. 오히려 화면이기에 감출 수 있다고 생각되지만, 아픈 모습까지 보이는 게 온라인 화면입니다. 온라인 강사는 지식을 전달해 주는 것뿐만 아니라, 청중에게 즐거운 기운을 나눠주는 사람이기도 합니다. 따라서 나의 표정이 밝은지 잘 살펴주세요. 조금 더 욕심을 내자면 밝게 웃으면서 말을 할 수 있다면 더 말할 나위가 없습니다.

이렇게 세 단계를 거쳐 시뮬레이션 강의를 해 봤다면 이제는 나갈 준비하셔도 됩니다. 그래도 자신이 없다면 친구들이나 가족들에게 부탁하여 한 번 정도 그들 앞에서 말하는 연습을 하는 것도 좋은 방법입니다. 그 후 그들에게 피드백을 부탁하면 내가 발견하지 못한 조언을 해 줄 수 있습니다.

온라인 강사는 끊임없이 자신을 테스트하고 또 상대방으로부터 피드백을 받아야 하는 직업입니다. 강의를 듣는 수강생이 나의 고객이라고 생각하여 시간이 아깝지 않도록 최선을 다해 만족시켜야 합니다.

이제 온라인 강의는 피할 수 없습니다. 코로나19 팬데믹 이후 사람들은 똑같은 퀄리티의 강의가 온라인으로도 가능하다는 것을 경험했습니다. 굳이 장거리 이동을 하지 않더라도 고퀄리티의 강의를 집 안에서 들을 수 있다는 것을 안 이상, 온라인 강의 시장은 계속될 것으로 보입니다.

또한 온라인 강의의 장점은 하나의 콘텐츠로 여러 개의 파이프라인을 만들 수 있다는 점입니다. 예를 들어 하나의 강의안을 만들었다고 해 보겠습니다. 이것을 녹화강의로 만들어 녹화강의 자체를 판매할 수 있습니다. 또한 온라인 강의 플랫폼에 입점하여 나의 영역 확장도 가능합니다. 내가 사람들을 모객하여 직접 강의를 진행할 수도 있습니다. 이렇게 하나의 콘텐츠로 여러 개로 활용할 수 있는 것이 온라인 강의입니다. 그러니 도전 안 할 이유가 없습니다.

여러 개의 확장 강의 콘텐츠의 생산자가 되기 위해서는 지루하더라도 성실하게 시뮬레이션 강의 기간을 견뎌야 합니다. 비록 처음에는 재미없고 부족함이 느껴질지라도, 연습량이 늘어날수록 말하는 스킬도 자연스러워집니다. 지금 잘 나가는 온라인 강사들도 숱한 시뮬레이션 강의부터 시작했다는 사실을 기억하신다면, 그 시작이 그리 어렵지는 않을 겁니다. 꼭 기억하세요. 진정한 프로는 오랜 시간 갈고 닦은 연습량으로 만들어진다는 것을요.

제9장 전공실기 5

온택트 프로그램 활용 : 줌, ChatGPT

줌을 활용한 온라인 강의

N잡러, 할 일이 참 많죠? 혼자 멀티태스킹을 해야 하므로 그렇습니다. 그렇다고 지레 겁을 먹거나 포기하지는 마세요. 작은 가게의 사장이 되기 위해서라도 물품 주문부터 재고 관리, 매출 관리, 고객 관리를 다 할 줄 알아야 하니까요. 모든 부분을 할 줄 알아야 나중에 직원도 채용하고 지시를 내릴 수 있습니다. 지금의 준비 단계를 잘 이겨내시고 실력을 쌓으면 분명 보상받는 날이 옵니다.

앞서 제시한 대로 온라인 강사가 되기 위해 강의 기획, 강의안 만들기, 시뮬레이션을 통해 연습해 보셨나요? 콘텐츠 준비를 끝냈다면, 이제 실무에 바로 쓸 수 있는 기술적인 부분을 알려드리고자 합니다. 가장 먼저 알아야 할 것은 바로 온라인 강사 데뷔를 하기 전에 줌(Zoom) 사용법을 확실히 익혀 두는 것입니다.

온라인 강사 데뷔 무대에서 실수 없이 진행하려면 챙겨야 할 것이 많습니다. 강의안에 실수가 없는지 점검부터, 공유는 제대로 되는지, 음성은 잘 들리는지까지 말이죠. 미리 준비해 보겠습니다. 다음은 온라인 강사를 위한 줌 사용 설명서입니다.

줌 다운로드와 회원가입

온라인 강사는 언제 어디서든 강의할 준비가 되어 있어야 합니다. 보통 온라인 강의를 진행할 때는 PC 버전을 깔아 컴퓨터에 저장해 놓습니다. 그뿐만 아니라 즐겨찾기 등록을 통해 빠른 실행을 할 수 있도록 합니다. 그 후에 바로 회원등록을 하여 세미나를 진행할 수 있는 호스트 자격을 받습니다. 줌은 무료 회원에게 40분 동안 회의를 할

〈출처: 줌(ZOOM) PC버전〉

수 있도록 서비스를 제공하고 있습니다. 그러나 40분 초과할 때는 유료 서비스를 신청해야 합니다. 보통 온라인 강의는 40분 이상 진행되는 경우가 많으니, 한 달 동안 유료 서비스를 신청해서 강의 중간에 끊기는 일이 없도록 합니다.

온라인 강단 꾸미기

온라인 강의 장소는 어떤 곳이든 관계가 없습니다. 보통 재택근무를 하는 분들이 많습니다. 그런데 배경이 거실이거나 방이면 어떨까요? 이미지가 좋지 않습니다. 온라인 강사의 전문성을 살려 줄 수 있도록 가상 화면 꾸미기를 합니다. 가상 화면은 보통 캔바, 미리캔버스에서 무료 이미지를 제공하는 경우가 많습니다. 나의 이미지나 강의

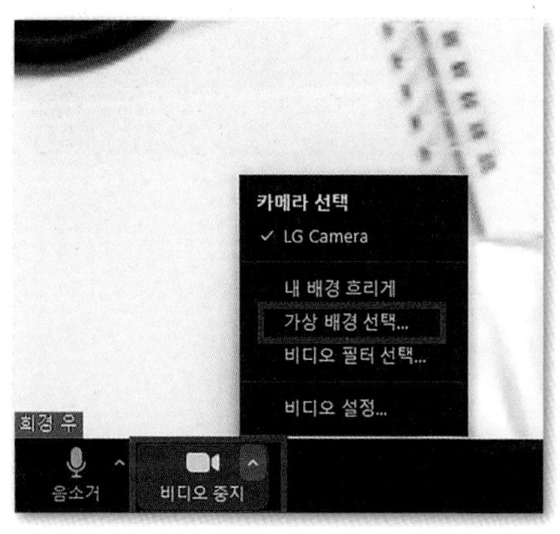

〈가상 배경 선택〉

〈배경 및 효과 선택〉

분야에 잘 어울리는 이미지를 찾아서 등록하면 됩니다. 가장 추천해 드리고 싶은 것은 자기만의 이미지를 만드는 겁니다. 캔바나 미리캔버스에서 적당한 이미지를 찾아 자신만의 색깔을 넣어 하나밖에 없는 가상 화면을 만들어 보세요. 나의 회사명을 강조하거나, 아직 없다면 나의 사명 같은 것을 넣어 자신의 이미지를 브랜딩 합니다.

기능 체크

온라인 수업을 하기 전 기본적인 기능을 체크합니다. 이때 체크해야할 사항은 음향, PPT 공유 여부, 컴퓨터 소리 공유 체크입니다. 음향은 마이크, 스피커 테스트를 통해 내 소리가 들리는지, 상대방의 소

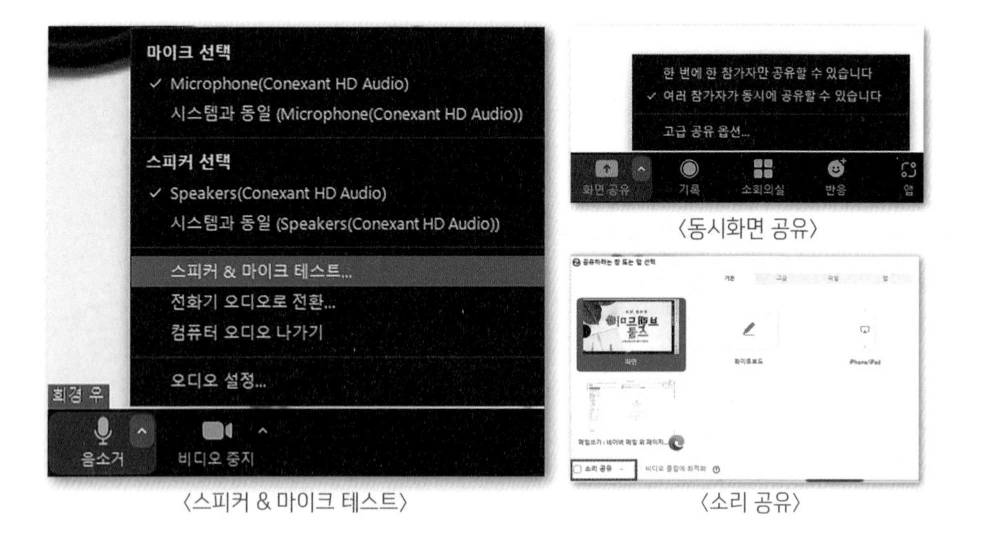

〈스피커 & 마이크 테스트〉

〈동시화면 공유〉

〈소리 공유〉

리가 잘 들리는지 체크합니다. 마이크는 컴퓨터에 장착된 기본 마이크보다 온라인 강의용으로 나온 성능 좋은 마이크를 추천합니다.

PPT를 공유하는 경우 강사 본인 외의 파트너 강사가 있거나 수강생이 자신의 자료를 공유해야 할 때, 〈여러 참여자가 동시에 공유할 수 있습니다〉를 미리 체크해 놓습니다. 마지막으로 음성 자료나 동영상 자료를 수강생에게 보여줘야 할 경우를 대비하여 〈소리 공유〉가 가능하도록 체크합니다.

예약 기능 활용

온라인 강의가 처음인 경우, 강의 시간에 대한 압박을 받을 수 있습니다. 실수를 줄이기 위해 예약 기능을 활용하여 줌 링크를 받아 놓

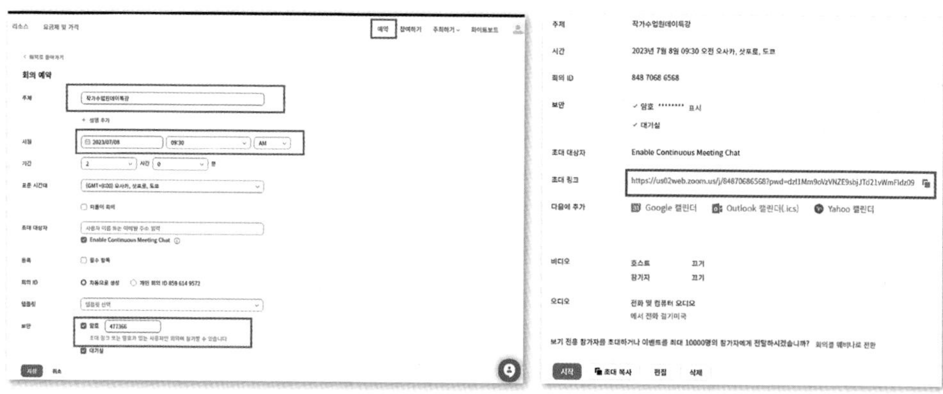

〈예약 기능을 활용한 회의 예약〉 〈예약 초대 링크〉

습니다. 수강생들에게 미리 줌 강의 링크를 보내어 강의 당일 차질이 없도록 합니다.

소그룹 기능 활용

만약 참여형 강의나 토론식의 강의를 진행할 경우, 소그룹 나누기 기능을 활용합니다. 수업 전에 미리 소그룹 기능을 체크하여 여러 명의 수강생 중 소그룹 참여 그룹을 나누어 주면 참여형 강의나 토론식 강의를 훨씬 수월하게 진행할 수 있습니다.

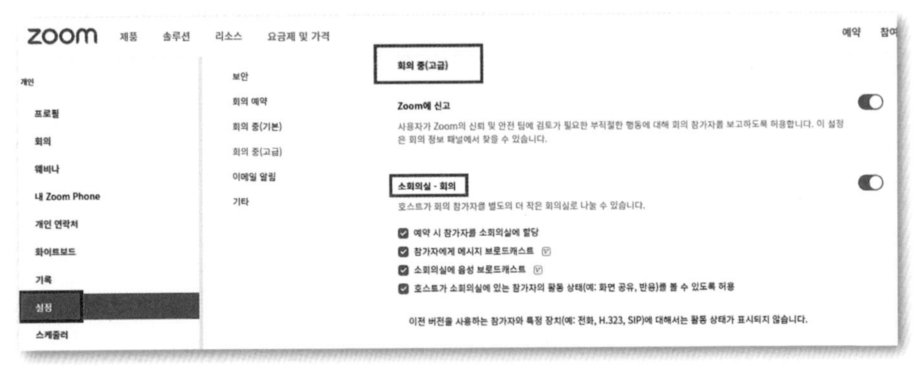

〈내 계정 → 설정 → 회의 중(고급) → 소회의실 설정〉

소회의실 할당은 자동으로 할당, 수동으로 할당, 참가자가 소회의실을 선택할 수 있습니다. 상황에 맞게 선택해서 적용하면 됩니다. 호스트 강사는 회의실마다 생성되는 버튼 옆에 '참가'를 누르면 각 소회

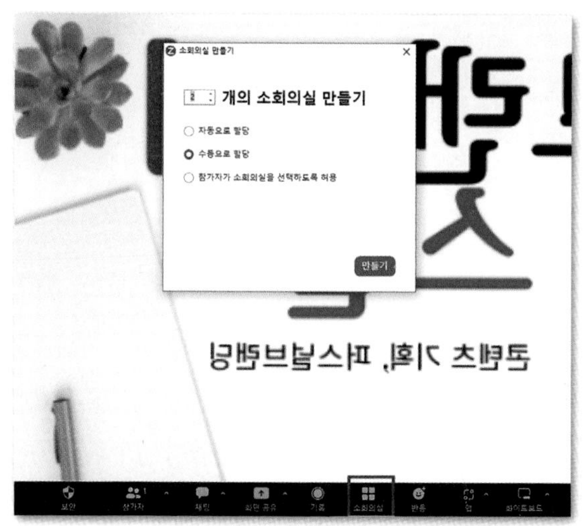

〈하단 소회의실 클릭 후, 원하는 소그룹 설정〉

실로 들어가서 확인할 수 있습니다. 또한, 소그룹 방에 있는 전체 멤버들에게 메시지를 보내는 기능을 통해 '토론 마감 시간 공지' 등을 할 수 있습니다.

줌의 기본적인 기능만 잘 활용하셔도 무난하게 온라인 강의를 진행할 수 있습니다. 첫 강의를 할 경우에는 녹화 기능을 이용하여 강의를 녹화해 보세요. 시뮬레이션 강의와는 반대로 실전 강의는 어떻게 하는지 스스로 피드백해 보아야 합니다.

줌에서는 장기 사용자를 위해 유료 회원 할인 제도가 있습니다. 만약 첫 강의 후 반응이 좋아 지속적인 강의가 가능하겠다고 판단되면 그때 장기 회원을 신청해도 충분합니다. 그러니 처음부터 장기 유료 회원을 할 필요는 없습니다. 첫 한 달 동안 온라인 강사로서 줌 기능을 익히고 익숙해지도록 해야 합니다. 한 달 정도 사용료를 지급 후, 줌 기능이 익숙해지도록 연구하는 기간을 가지면 좋습니다.

줌 기능은 생각보다 단순하여 한번 잘 익히면 어렵지 않게 온라인 강의를 진행할 수 있습니다. 그러니 차근차근 잘 따라 해 보세요. 어느새 근사한 온라인 강사가 되어 있을 겁니다.

ChatGPT를 연구원으로 채용하는 법

VR(가상현실), 메타버스에 이어 뜨거운 감자로 떠오른 것이 있습니다. 바로 ChatGPT입니다. ChatGPT의 등장은 여러 직업군을 긴장시켰습니다. 실제로 ChatGPT로 소설까지 쓸 수 있다는 이야기라 나오면서 미국 헐리우드의 영화 및 드라마, 예능 대본을 작성하는 1만 1,500여 명으로 구성된 미국 작가 조합은 근무 환경 개선 및 인공지능(AI) 사용 제한을 요구하며 파업을 선언했습니다.

의사, 변호사 같은 고급 지식과 정보를 제공하는 전문직도 큰 타격을 입을 것으로 보입니다. 가벼운 의료, 법률 상담은 모두 ChatGPT로 대체할 수 있기 때문입니다. 그러면 상대적으로 전문직의 상담 건수가 감소할 수밖에 없습니다. 비교적 사회적 지위가 높은 직업군조차 ChatGPT의 등장으로 위협을 받게 된다는 시나리오는 이제 현실이 되고 있습니다. 앞으로도 ChatGPT의 성장은 피할 수 없을 겁니다. 이러한 시대적인 환경에 적응하며 살아야 하는 것이 N잡러의 숙명입니다. ChatGPT의 등장으로 N잡러의 직업군도 축소가 되는 것이 아니냐는 우려의 목소리도 있습니다. 그러나 오히려 기술 발달을 잘 활용하면서 N잡의 영역을 확장하겠다는 역발상이 필요합니다.

여러 가지 일을 한꺼번에 처리해야 하는 경우 가장 필요한 것이 다양한 정보의 통합과 분석 능력입니다. 혼자 여러 가지 정보를 통합하여 수집하고 또 분석과 해석까지 하는 것은 생각보다 많은 시간이 필요합니다. 이때 활용할 수 있는 것이 ChatGPT입니다.

ChatGPT 실행 방법

① 크롬*(최고의 성능을 낼 수 있다)* 기반 브라우저에서 구글에 접속 후 검색창에 〈ChatGPT〉를 입력하고 검색합니다. 많은 검색 결과 중, 아래 이미지의 'openai.com'으로 시작하는 곳을 클릭합니다.

② 구글이나, 마이크로소프트 계정이 있을 때는 해당 계정을 클릭하면, 바로 로그인을 할 수 있습니다. 만약 위의 두 계정이 없다면, 〈OpenAI〉 회원 가입 후, 로그인합니다.

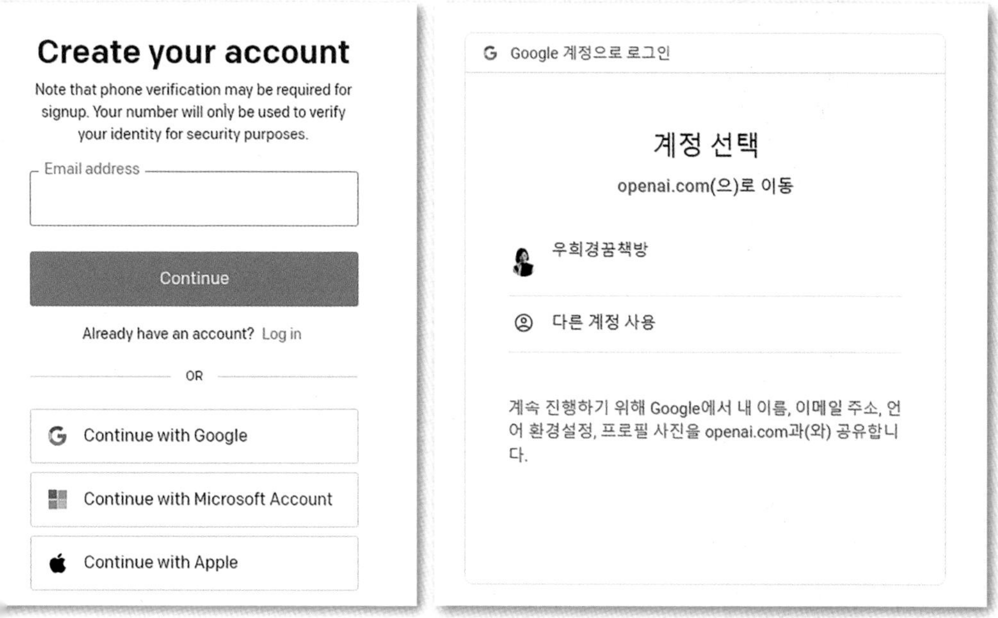

Create your account

Note that phone verification may be required for signup. Your number will only be used to verify your identity for security purposes.

Email address

Continue

Already have an account? Log in

OR

Continue with Google

Continue with Microsoft Account

Continue with Apple

Google 계정으로 로그인

계정 선택

openai.com(으)로 이동

우희경꿈책방

다른 계정 사용

계속 진행하기 위해 Google에서 내 이름, 이메일 주소, 언어 환경설정, 프로필 사진을 openai.com과(와) 공유합니다.

〈로그인 화면, 출처 : ChatGPT〉

③ 〈ChatGPT〉 로그인 후, 'Try ChatGPT' 버튼을 클릭한 후, 가장 하단에 〈Send a message〉에서 대화를 시작합니다. ChatGPT에서 한글로 질문을 하면 느리고, 앞의 대화 내용을 금방 잊어버리기 때문에 영문으로 하는 것이 좋습니다.

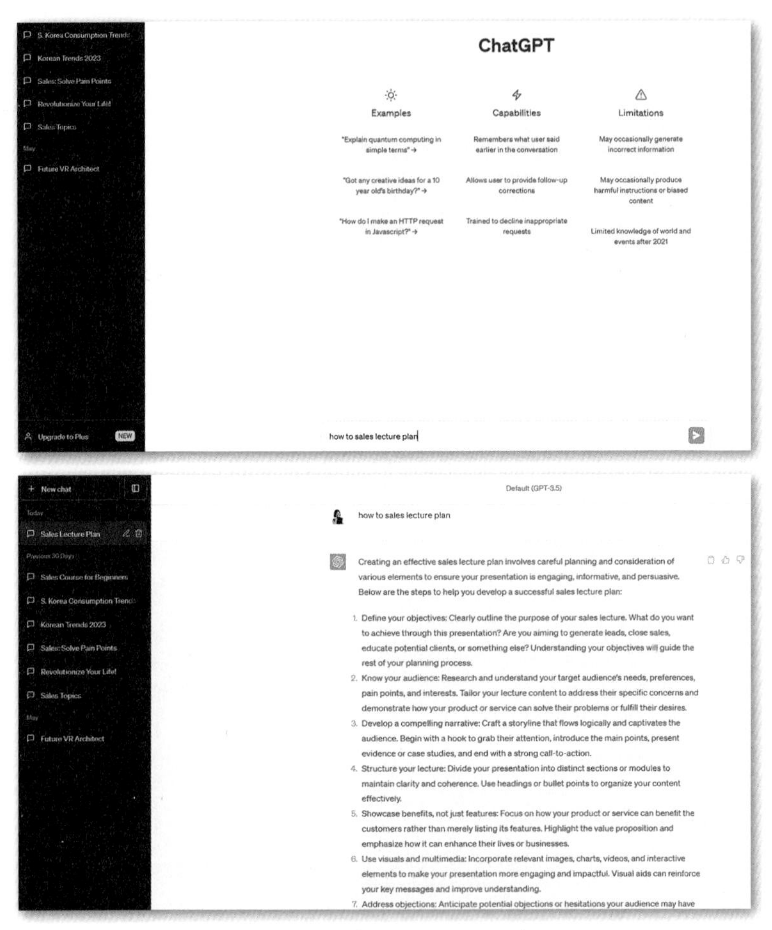

〈ChatGPT에서 영어로 질문하고 답하는 과정, 출처: ChatGPT〉

④ 〈프롬프트지니〉 프로그램을 크롬에 실행하면, ChatGPT에서 바로 한국어 번역을 볼 수 있어서 쉽게 내용을 이해할 수 있습니다.

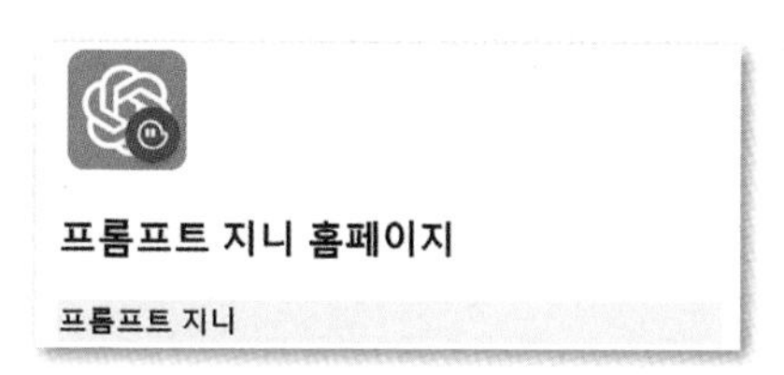

⑤ 크롬 브라우저에 〈프롬프트지니〉프로그램를 다운로드 받아 실행한 후, 〈ChatGPT〉로 돌아와 상단 주소를 다시 클릭하여, 화면 리프레시*(ChatGPT 주소 다시 클릭)*를 합니다. 그러면 아래 이미지처럼 〈Send a message〉 창이 〈프롬프트 지니가 자동으로 번역해 드릴게요!〉로 바뀝니다.

프롬프트 지니가 자동으로 번역을 해드릴게요!
스터디 ChatGPT 스터디 대기자 신청 번역해서 질문

〈출처 : ChatGPT〉

ChatGPT 활용법

다음은 N잡러가 활용할 수 있는 ChatGPT 활용법입니다.

블로그, 포스트의 글쓰기 주제를 선정할 때

블로그 혹은 포스트에 꾸준하게 글을 쓰기 위해서는 '글감'이 있어

야 합니다. 특히 블로그인 경우 최적화 블로그(상위 노출이 가능한 블로그)로 운영하려면 일정 기간 매일 글쓰기를 해야 합니다. 그럴 때 ChatGPT에 도움을 청하면 좋습니다.

예를 들어 세일즈와 관련된 글을 쓴다고 생각해 보겠습니다. ChatGPT에게 〈세일즈 주제로 쓸 수 있는 블로그 글감〉이라고 도움을 청해 보세요. 여러 개의 글감을 알려줄 겁니다.

완벽하지는 않지만 검색을 통해 알게 된 글의 주제를 바탕으로 나의 경험을 더해 글을 쓴다면 글감 마르는 날은 없을 겁니다. 뿐만 아니라 주제를 명확하게 설정하면 블로그에 쓸 수 있는 글을 써 주기도 합니다. 이를 잘 활용할 수 있습니다.

예시)

질문 : 세일즈 주제로 쓸 수 있는 블로그 글감을 알려줘

답변 :

1. "냉전전화의 기술을 마스터하라: 효과적인 영업 접촉을 위한 팁"
   이 블로그 글은 영업 전문가들이 냉전전화 기술을 향상시키는데 도움이 되는 실용적인 팁과 전략을 제공합니다. 스크립트 작성, 관계 구축, 이의 제기 처리 등이 포함될 수 있습니다.
2. "영업에서 이야기꾼의 힘: 잠재고객을 사로잡고 거래를 체결하는 방법"
   이 글은 이야기를 통해 영업에 효과적인 도구로서의 힘을 탐구합니다. 설득력 있는 영업 이야기의 예시, 이야기꾼 심리학, 그리고 영업 프레젠테이션에 이야기를 효과적으로 활용하는 방법에 대해 설명합니다.
3. "판매 성공에 활용하는 소셜 미디어: 모범 사례와 사례 연구"
   이 블로그 글은 영업 시장 개척, 관계 구축 및 브랜드 인지도 확보를 위해 소셜 미디어 활용의 중요성에 대해 탐구합니다. 소셜 미디어를 효과적으로 활용한 영업 전문가들의 성공 사례를 소개합니다.

4. "협상의 과학: 상호 이익을 위한 판매 거래 기술"
   이 글에서는 영업 인과 상호 이익을 달성하는데 도움이 되는 협상 전략에 대해 다룹니다. 상대방의 요구를 이해하는 것, 적극적으로 듣기, 그리고 창의적인 해결책 찾기 등을 포함할 수 있습니다.
5. "지속적인 고객 관계 구축: 반복적 영업과 추천의 핵심"
   이 블로그 글은 고객과 강력한 관계를 구축하는 것이 반복적인 비즈니스와 추천을 이끌어내는데 얼마나 중요한지에 대해 초점을 맞춥니다. 고객 관계 관리와 고객 유지를 위한 팁을 제공합니다.

위 주제들을 대상 독자와 산업에 맞게 수정하여 사용하시기 바랍니다. 또한 실생활 사례, 데이터, 전문가의 인사이트를 활용하여 글을 더욱 흥미롭고 유익하게 만드실 수 있습니다. 행운을 빕니다!

강의안 구성할 때

강의 주제는 정했다고 해도 강의 목차를 구성하려면 또 어려움을 겪게 됩니다. 특히 강의 경험이 많지 않다면 강의안을 구성하는 것 자체가 큰 부담이 됩니다. ChatGPT에 나의 강의 주제를 제시하고 목차 작성을 도움 받아 보세요. 〈초보 세일즈맨들에게 알려 주고 싶은 강의 목차〉라고 구체적인 대상과 강의 주제를 검색하면 친절하게 알려 줍니다. 물론 여기에도 나의 아이디어를 첨가해야 합니다. ChatGPT는 온라인상에 있는 정보나 지식을 데이터로 분석하여 질문에 적절한 답변을 해 주는 기능입니다. 따라서 저작권 문제가 늘 존재합니다.

따라서 강의 주제 목차 만들기를 도움받을 때는 나의 의견을 더하여 조금 더 창의적인 목차를 구성하는 방식으로 나만의 '독창적인 강의안 목차' 만들기를 해야 합니다. 큰 구성이 보이지 않아 머릿속에

하얗게 될 때, ChatGPT에 물어보면 됩니다. 적어도 맨땅에 헤딩하는 것은 막을 수 있습니다.

질문 : 초보 세일즈맨들에게 알려 주고 싶은 강의 목차

답변 :

Sure, here's the table of contents translated into Kore

1. 영업 소개
   1.1 영업이란 무엇인가요?
   1.2 비즈니스에서 영업의 중요성
   1.3 성공적인 영업 직원의 특징
2. 제품/서비스 이해
   2.1 제품 지식과 장점
   2.2 독특한 판매 포인트(USP) 확인
   2.3 고객의 고통 점 해결
3. 영업 프로세스
   3.1 잠재고객 발굴과 리드 생성
   3.2 리드 자격 검증
   3.3 최초 연락하기
   3.4 영업 프레젠테이션 기술
   3.5 이의 제기 대응
   3.6 거래 성사하기
   3.7 후속조치 및 고객 관계 관리(CRM)
4. 효과적인 커뮤니케이션 기술
   4.1 적극적인 청취
   4.2 고객과의 관계 형성
   4.3 질문하기의 기술
   4.4 비언어적 커뮤니케이션
5. 고객 심리 이해

5.1 구매자 동기와 결정 과정
5.2 신뢰와 신용 구축
5.3 긍정적인 고객 경험 조성
6. 영업 직원을 위한 시간 관리
6.1 리드 및 업무 우선순위 설정
6.2 시간 절약 기술

최근 트렌드를 분석할 때

N잡러에게 최근 트렌드를 분석하는 일은 비일비재합니다. 모든 일이 그렇듯 사람들의 니즈가 맞아야 시장에 호감을 줍니다. N잡러는 하나의 1인 기업으로, 자신이 하는 분야에 대해서는 트렌드에 밝아야 합니다. 그러나 많은 일을 처리하면서 트렌드를 공부하거나 분석할 시간은 턱없이 부족합니다. 특히 요즘에는 트렌드 변화가 더 빨라졌습니다. 자신이 일에 몰입하다 보면 어느새 트렌드가 바뀌기도 합니다. 늘 변화에 앞장서서 새로운 상품이나 서비스를 개발해야 하는 것이 N잡러의 숙명입니다.

트렌드 공부할 시간이 없다면, ChatGPT에 도움을 청합니다. 〈2023년 한국 소비 트렌드〉다양한 키워드를 활용하여 ChatGPT에 물어봅니다. 그러면 내가 며칠 공부해서 알아야 하는 최신 트렌드를 단 몇 분 만에 알려 줄 겁니다.

예시) 다음은 〈2023년 한국 소비 트렌드〉ChatGPT 활용법

질문 : 2023년 한국 트렌드를 알려줘.

답변 :

AI 언어 모델이라 실시간 데이터에 접근할 수 없고 지식은 2021년 9월까지만 올라갑니다. 따라서 2023년 한국 트렌드에 대한 정보를 구체적으로 제공할 수 없습니다. 그러나 역사적 경향을 기반으로 그 기간 동안 한국에서 인기를 얻었거나 부상했을 수 있는 몇 가지 잠재적인 영역에 대한 개요를 제공할 수 있습니다.

1. 기술과 혁신: 한국은 특히 인공 지능, 로봇 공학, 5G 네트워크와 같은 분야에서 기술과 혁신의 발전으로 유명합니다. 2023년에는 이러한 분야에서 지속적인 성장이 있었고 새로운 애플리케이션과 제품으로 이어졌을 것입니다.
2. K-Pop과 한국 엔터테인먼트: K-Pop은 수년 동안 세계적인 현상이었으며 2023년에도 K-Pop 그룹과 아티스트는 계속해서 차트를 장악하고 전 세계 관객을 사로잡을 것입니다. 한국 엔터테인먼트 산업은 다른 국가로 범위를 확장하고 새로운 형식과 플랫폼을 모색할 수도 있습니다.
3. 한국 드라마와 영화: 한국 드라마와 영화는 아시아와 그 외 지역에서 폭넓은 인기를 누리고 있습니다. 2023년에는 새로운 배우, 감독, 작가의 등장은 물론 다양한 장르와 스토리텔링 스타일의 지속을 목격했을지도 모른다.
4. 지속 가능하고 친환경적인 이니셔티브: 지속 가능하고 친환경적인 관행에 대한 관심은 전 세계적으로 증가하고 있으며 한국도 예외는 아닙니다. 2023년에는 다양한 부문에서 녹색 기술, 재생 가능 에너지 및 지속 가능한 관행을 촉진하기 위한 노력이 증가했을 수 있습니다.
5. 패션 및 뷰티 트렌드: 한국은 영향력 있는 패션 및 뷰티 산업으로 유명합니다. 2023년에는 국내외에서 인기를 끌고 있는 새로운 패션 트렌드, 뷰티 제품, 스킨케어 혁신이 있었을 것입니다.
6. 건강 및 웰빙: 건강한 라이프스타일을 추구하는 것은 전 세계적으로 중요한 추세였으며 한국에서는 피트니스, 건강한 식습관 및 웰빙 관행에 대한 관심이 증가할 수 있었습니다.

위의 추세는 이전 패턴을 기반으로 추측한 것이며 2023년 실제 추세와 일치할 수도 있고 일치하지 않을 수도 있습니다. 2023년 한국 추세에 대한 가장 정확하고 최신 정보를 얻으려면 신뢰할 수 있는 뉴스 소스 및 시장을 확인하는 것이 좋습니다. 그때부터의 보고.

ChatGPT를 활용할 때는 명령어가 구체적이고, 명확할수록 좋습니다. 예를 들어 〈한국 트렌드를 알려줘〉보다 〈2023년 한국 트렌드를

알려줘〉라고 물어볼 때 더 자세한 답변을 해 줍니다. IT의 발달로 인해 인간의 일자리가 줄어든다고 부정적인 말씀을 하시는 분들도 많지만 꼭 나쁜 일만 있는 것은 아닙니다. 우리는 변화된 환경에 적응하며 AI의 도움을 받으면서 살아가야 합니다.

특히 N잡러가 직업을 다양하게 확장하기 위해서는 오히려 ChatGPT의 도움을 받아야 합니다. 혼자 하면 시간이 오래 걸리고, 전문성이 떨어지는 일들을 ChatGPT는 훨씬 빠르게 처리하고 분류할 수 있습니다.

사람이 변하는 속도보다 IT의 신제품이 나오는 속도가 더 빠릅니다. 또 어떤 새로운 기술이 나올지는 아무도 모를 일입니다. 그럴 때마다 IT의 변화 속도에 따라가지 못한다고 한탄할 것이 아니라 현명한 대처가 필요합니다.

다양한 분야에 관심을 쏟아야 하는 N잡러에게 ChatGPT는 좋은 비서 역할을 할 수 있습니다. ChatGPT를 활용하여 시간과 노력을 아끼세요. 그러면 처리해야 할 일이 훨씬 줄어듭니다. 열심히 일하는 사람은 즐기면서 일하는 사람을 이길 수 없습니다. 즐기면서 일하는 사람은 현명하게 일하는 사람을 이길 수 없습니다. ChatGPT를 적절하게 활용하여 현명하게 일하는 N잡러가 되어 보세요.

[중간과제]

인스타그램 채널 만들고 학과장에게 DM 보내기

인스타그램에 가입한 후 자신의 채널을 만듭니다. 최초 1개 이상의 피드를 올린 후 학과장에게 메시지를 보냅니다.

제10장 전공실기 6

필수 앱 입문 : 다양한 앱 다루기

비서처럼 활용하는 스케줄 관리 앱

N잡러는 대부분 모든 것을 혼자 처리하는 프리랜서나 1인 기업으로 시작합니다. 하나의 회사가 되어 여러 가지 일을 나 홀로 처리해야 한다는 의미입니다. 회사 같으면 기획은 기획팀이, 홍보는 홍보팀이, 마케팅과 영업은 영업팀이 할 겁니다. 하지만 N잡러는 아닙니다. 혼자 모든 것을 해야 합니다. 나를 도와주는 동료도, 지지하고 응원해 주는 팀도 없습니다. 그뿐만 아니라 정해진 시간에 출·퇴근을 하지 않기 때문에 일정한 루틴을 만들지 않으면 금방 나태해지기도 합니다.

더욱이 혼자 모든 것을 다 처리하다 보면 과부하가 걸리거나 체력 고갈로 질병 치레를 하기도 합니다. 누군가가 나를 도와주고 스케줄을 관리해 준다면 얼마나 좋을까요? 기한 내에 프로젝트를 완료하고, 미팅 시간에 늦지 않도록 도와주는 사람이 있다면요. 그래서 필요한 것이 스케줄 관리 앱입니다. 스케줄 관리 도움을 받으면 한 명의 비서를 둔 것처럼 도움을 받을 수 있습니다. 다음은 N잡러의 스케줄 관리에 도움을 주는 앱입니다.

네이버 캘린더 활용법

네이버 캘린더는 스케줄 관리뿐만 아니라, 습관 형성, 할 일 관리까지 한 번에 활용할 수 있는 장점이 있습니다.

기본적으로 N잡러는 일정한 출·퇴근이 없기 때문에 자신만의 루틴을 정하여 흐트러지지 않는 하루 경영을 해야 합니다. 이때 필요한

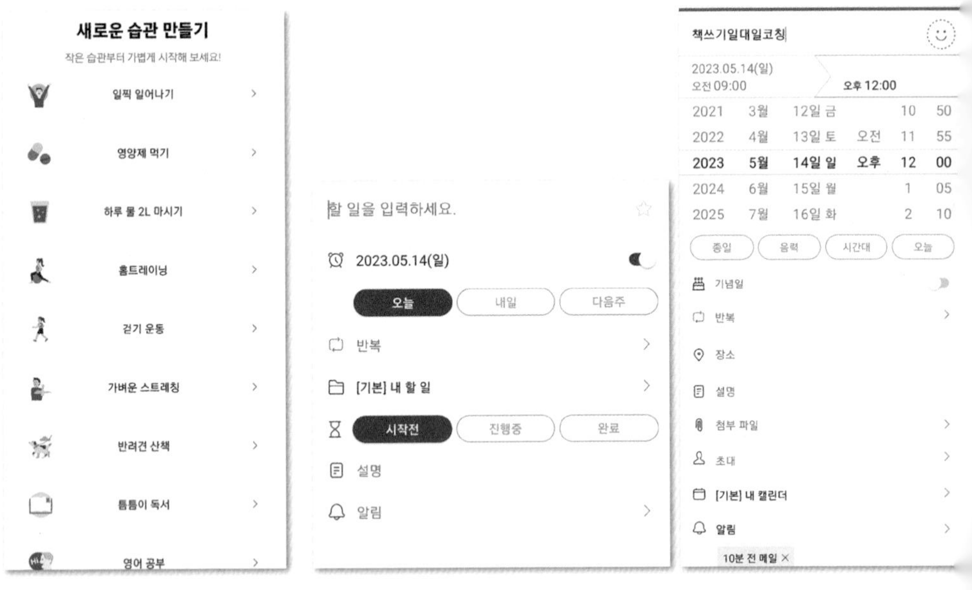

〈습관 관리〉 〈할 일 관리〉

것이 '하루 루틴'입니다. 네이버 캘린더의 '내 습관' 기능을 활용하여 기상 시간, 매일 할 일(10분 감사 일기 쓰기, 30분 독서, 30분 운동)과 같이 좋은 습관을 설정합니다. 그 후에는 알람 설정으로 그 시간에 맞춰 좋은 습관 형성에 도움을 받을 수 있습니다.

네이버 캘린더의 '내 할 일' 기능은 할 일 목록(To Do List)로 활용합니다. 주로 내가 하루 동안 처리해야 되는 일의 목록을 중요한 순서대로 정리합니다. '내 할 일' 기능을 활용하여 실수를 줄일 수 있습니다. 주도적으로 일을 처리하기 위해서라도 도움을 받을 수 있는 것이 '내 할 일' 기능이니, 꼭 도움 받으시기 바랍니다.

'다이어리' 기능도 활용도가 높습니다. 매일 따로 다이어리를 작성하기 어렵다면 네이버 캘린더가 제공하는 다이어리 기능을 적극 이용하셔야 합니다. N잡러는 여러 가지 일을 한꺼번에 처리해야 하는 만큼 정신을 놓칠 수 있습니다. 이럴 때 하루를 정리하며 간단히 오늘 업무 일지 기능으로 다이어리를 써 보세요. 성장하는 나를 발견할 수 있을 겁니다.

구글 캘린더

구글 캘린더는 네이버 캘린더와 마찬가지로, 일정 관리, 할 일, 메모 등의 기능이 있어 스케줄 관리하는 데 용이합니다. 특히 월간계획,

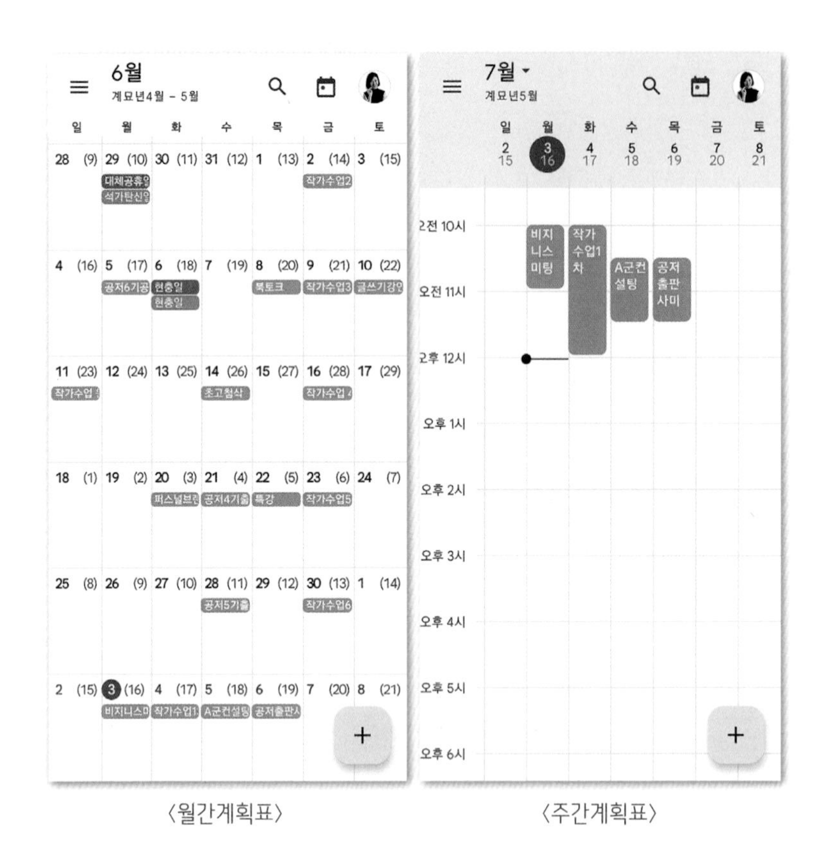

〈월간계획표〉 〈주간계획표〉

주간 계획, 하루 계획 등을 세우기에 편리하다는 점이 가장 큰 장점입니다. 한눈에 자신의 스케줄을 볼 수 있고, 군더더기 없이 깔끔한 것이 특징입니다. 스케줄러 대신 활용하거나, 핸드폰으로 자신의 일정 관리가 필요하신 분들에게 추천해 드리고 싶은 스케줄 관리 앱니다.

위의 스케줄 관리 앱은 많은 N잡러의 일정을 도와주는 고마운 앱입니다. 혼자 다양한 일에 신경을 써야 하는 N잡러라면, 스케줄 앱의 도움을 받으세요. 하루 경영, 스케줄 관리, 일정 관리 등이 훨씬 수월해질 겁니다.

5분 만에 뚝딱 카드 뉴스 만드는 플랫폼

보기 좋은 떡이 먹기에도 좋습니다. 잘 보이고 싶은 자리에 예쁜 옷을 입고 가는 것은 상대방에게 잘 보이고 싶다는 의지의 표현입니다. 사람을 잘 모르는 상태에서 판단하려면 가장 먼저 눈에 들어오는 것은 외모입니다. 요즘 시대의 외모는 하나의 자본이 되어 더 많은 가치를 창출하기도 합니다. 모델은 예쁘고 잘생긴 외모가 자산인 직업 중 하나입니다. 사람은 본능적으로 아름다움을 선호하는 경향이 있습니다.

다양한 방법으로 N잡러가 하는 일을 알리기 위해서 필요한 것이 바로 '광고'입니다. 광고하기 위해서는 잘 만든 카드 뉴스가 필요합니다. 카드 뉴스란 축약된 정보와 지식을 전달하기 위해 만드는 폼을 말합니다. N잡러에게 카드 뉴스는 여러 방면으로 쓰이기 때문에 반드시 알아야 할 필수 지식입니다. 인스타그램에서는 카드 뉴스 제작을 통

〈카드 뉴스 활용 예시〉

해 콘텐츠를 만드는 것으로 활용할 수도 있을 뿐만 아니라, 자신이 제공하는 상품이나 서비스를 홍보하는 데 사용할 수도 있습니다.

카드 뉴스를 만드는 방법은 파워포인트를 시작으로 여러 가지가 있지만 여기서는 카드 뉴스를 제공하는 사이트와 앱을 소개하겠습니다.

망고보드

한국에서 만든 플랫폼입니다. 망고보드는 젊은 감각과 일러스트 위주의 카드 뉴스 포맷이 강점입니다. 무료 이용자들도 모든 기능을 사용하는 것이 가능하고, 10개의 포맷을 무료로 다운로드받을 수 있습니다. 이미지 역시 PDF, GIF로 저장할 수 있습니다. 단 무료 이용자에게는 슬라이드 출처 표기나 워터마크가 표기됩니다. 출처 표기나 워터마크를 없애기 위해서는 유료 서비스를 이용해야 합니다.

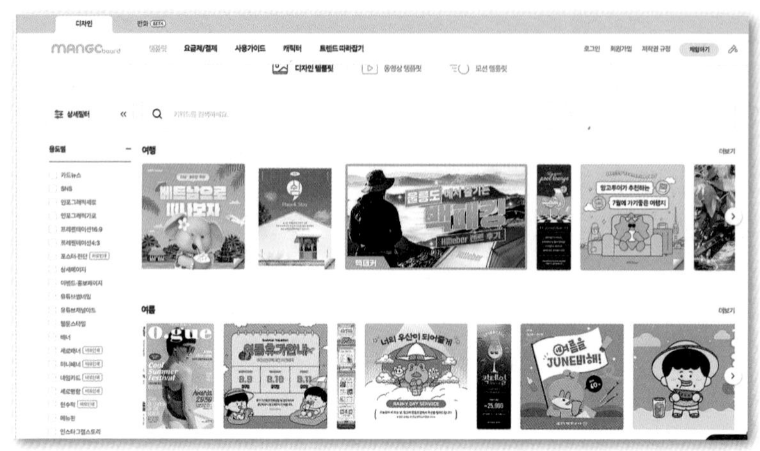

〈출처: 망고보드〉

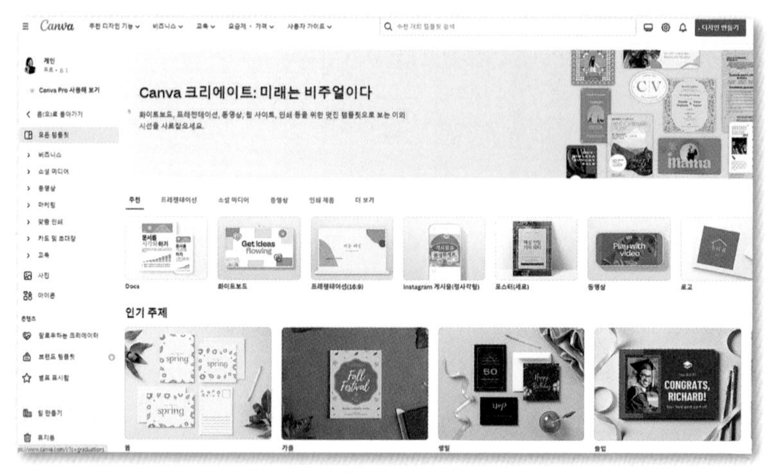

〈출처: 캔바〉

캔바

캔바는 외국 사이트입니다. 세련된 것이 특징입니다. 색상도 화려하기보다는 단순하고 간결한 색상의 포맷을 사용하므로 최대한 심플하고 세련된 포맷을 제공합니다. 출처 표기 없이 무료 포맷을 사용할 수 있으나, 조금 더 고급스러운 이미지는 유료로 제공하고 있습니다.

미리캔버스

미리캔버스는 감각적인 포맷을 제공하고 있습니다. 최근 1인 기

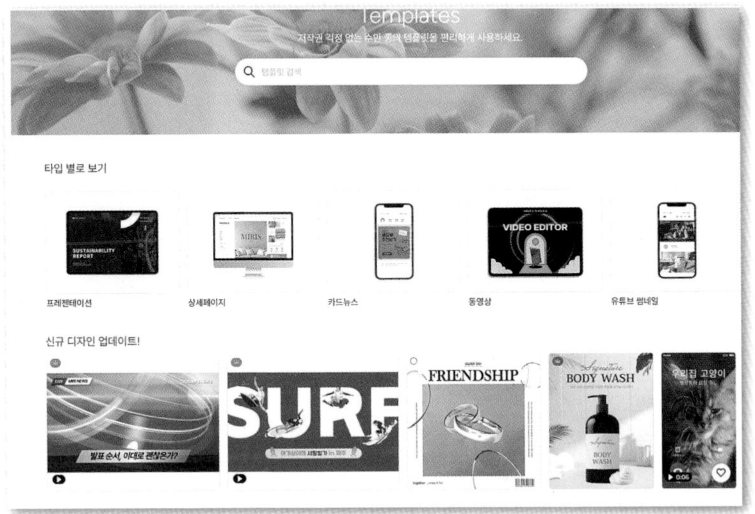

〈출처: 미리캔버스〉

업, N잡러, 교육을 담당하는 교육자들 중심으로 많이 사용하고 있는 플랫폼입니다. 망고보드와 캔바의 장점을 한곳에 모아 놓은 것처럼 다양한 포맷이 제공됩니다. 단 미리캔버스에서도 무료 제공 포맷은 일부로 제한을 두고 있으며, 조금 더 세련되거나 고급스러운 포맷을 유료로 제공하고 있습니다.

위의 플랫폼은 모두 익스플로러가 아닌 크롬 기반 브라우저를 사용하는 것이 좋습니다. 실행 속도가 빠르고 오류를 피할 수 있습니다.

핸드폰으로 5분 만에 만드는 글그램

글 그램은 주로 시간이 없을 때 사용하는 앱으로 간단하게 카드 뉴스를 만들 수 있습니다. 단순하고 간단한 포맷이 제공되고, 사용법도 단순합니다. 핸드폰 앱으로 작업을 하므로 시간도 단축할 수 있습니다. 그러나 위의 사이트에서 제공되는 포맷보다는 다양성이 부족한 단점도 있습니다.

하나의 이미지는 소비자의 마음을 움직입니다. 잘 만들어진 카드 뉴스 한 장으로 홍보 효과를 극대화할 수 있습니다. 이때 필요한 것이 카드 뉴스입니다. 다양한 사이트에서 제공하는 포맷을 적용하여 홍보

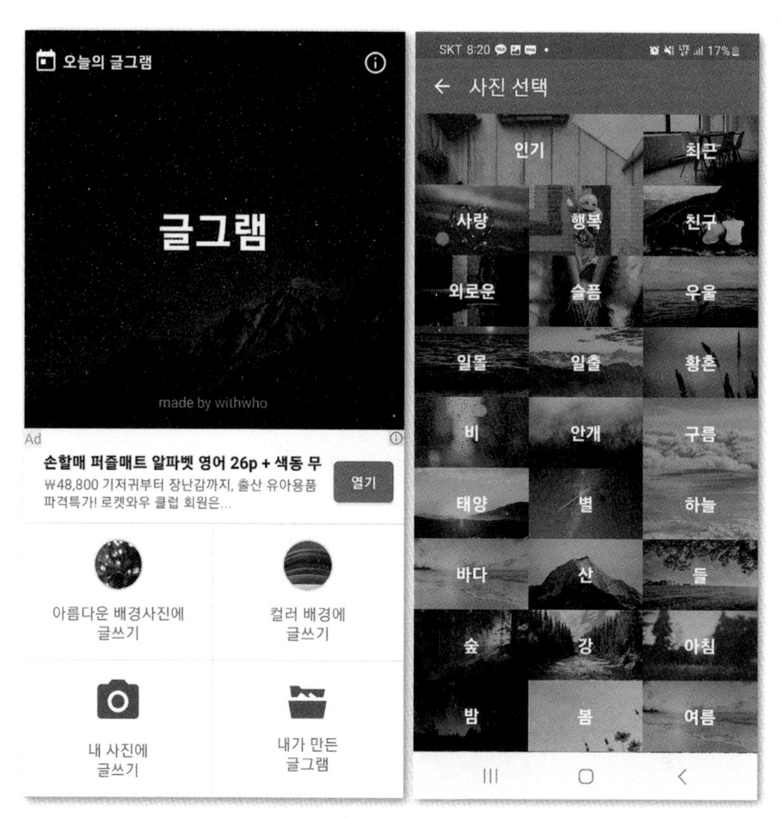

〈출처: 글그램〉

물을 만들어 보세요. 처음이 어렵지 카드 뉴스 만드는 디자인 감각도 금세 실력이 늡니다. 그날을 위해 하나씩 실행해 보세요.

알아두면 유용한 도구들

N잡러에 이렇게 관심이 많아진 이유 중 하나가 바로 큰 발품을 팔지 않아도 컴퓨터나 핸드폰 하나로 작업할 수 있는 환경 때문입니다. 덕분에 N잡러 하기에 가장 좋은 때를 보내고 있습니다. 다양한 앱이 개발되면서 앱 개발자를 고용하지 않고도 내가 원하는 만큼 활용할 수 있는 앱을 쉽게 찾을 수 있습니다. 조금만 관심을 두고 찾아보면 세련된 감각을 지닌 N잡러가 될 수 있습니다. 알면 쉽지만, 모르면 소용이 없는 것이 앱의 세상입니다.

알아두면 유용하게 쓸 수 있고, 한 번을 사용하든 자주 이용하든 아무 상관이 없습니다. 조금 더 세련되고, 똑똑하게 일하기 위해 알아야 할 앱을 소개합니다.

프로필 사진 메이커

자신의 전문성을 돋보이기 위해 프로필 사진은 중요합니다. 이때 프로필 사진을 더욱 선명하게 대중에게 어필하는 방법이 있습니다. 프로필 사진 메이커(profile picture maker')로 눈에 띄는 사진을 만들어 보세요. 구글에서 〈profile picture maker〉를 검색한 후 자기 프로필 사진을 등록하면 자동으로 배경 색상 만들기가 실행됩니다.

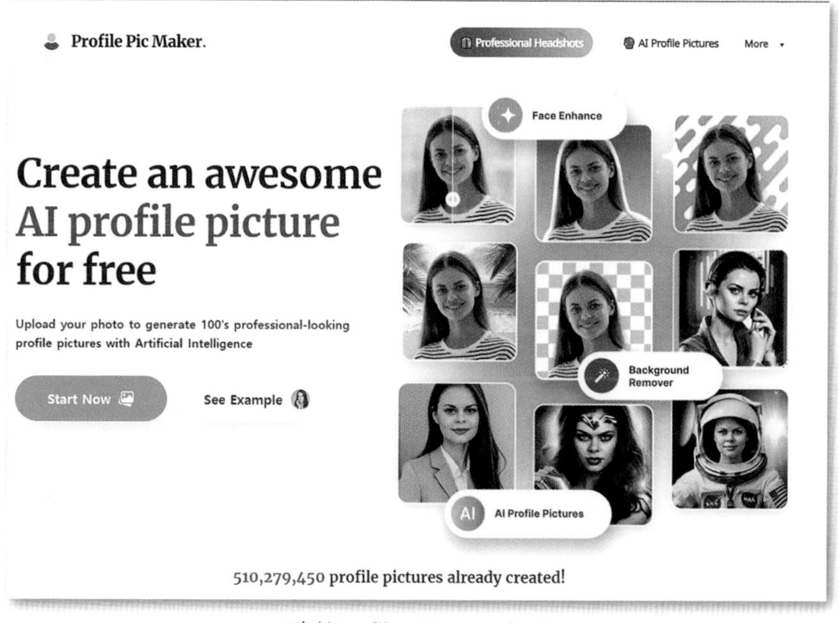

〈출처:profile picture maker〉

링크바이오

인스타그램을 활용하는 방법의 하나가 바로 프로필입니다. 프로필에 자신을 채널을 링크 바이오(Link in bio)를 통해 하나로 묶을 수 있습니다. 인스타그램을 통해 나를 알게 된 사람들에게 나의 블로그, 유튜브, 브런치로 자연스럽게 홍보해 보세요. 인스타그램 하나로 홍보 효과는 배가 됩니다.

셀카 앱 : 소다, 스노우

N잡러는 자신을 드러내는 일이 많습니다. 누구나 예쁘고 멋있는 자기 모습을 꿈꿉니다. 실제로 외모는 큰 경쟁력이 되기도 합니다. 더 멋진 모습을 보여 주기 위해 보정된 사진을 찍는 앱을 활용해 보세요. 소다(Soda), 스노우(Snow) 등의 앱을 통해 셀카를 찍으면 나의 단점을 보완한 사진을 얻을 수 있습니다.

동영상, 릴스 편집 앱: VLLO, CAPCUT, VITA

인스타그램 릴스부터, 블로그 모먼트, 유튜브까지 동영상 편집은 이제 PD의 전문 분야가 아닙니다. 온라인 활동을 통해 자신이 하는 일을 알려야 하는 N잡러인 경우 필수적으로 동영상을 편집할 줄 알아야 합니다. 이때 필요한 것이 동영상 편집 앱입니다. 〈VLLO〉은 초보자가 사용하기에 편리하고 기능도 단순합니다. 릴스 편집은 〈CAPCUT〉, 〈VITA〉로 손쉽게 편집할 수 있습니다. 영리한 동영상 편집 앱의 도움을 받으세요.

온라인 결제 시스템 앱: PayApp

온라인으로 일을 많이 하는 N잡러인 경우, 온라인으로 결제할 일이 많습니다. 고객사를 만나거나 개인 고객 결제 시 온라인 결제 시스

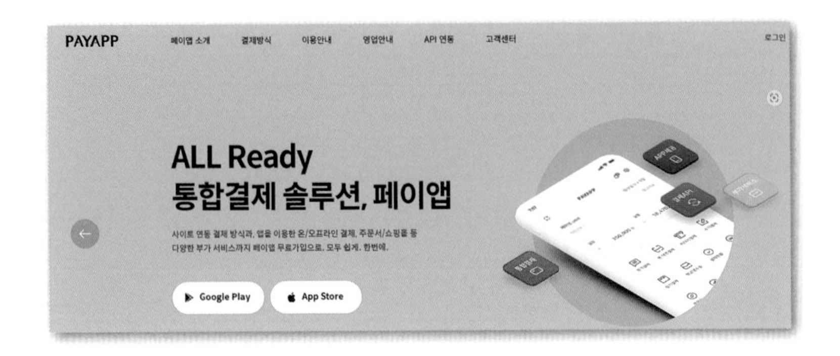

템 앱 하나면 카드조회기가 필요하지 않습니다. 페이 앱(Pay App)은 PC 버전과 앱 버전 모두 제공되고 있습니다. N잡러로 일하는 사람들에게는 필수 앱입니다. 유료 회원으로 가입하여 수수료를 내야 하지만 그 이상의 일을 톡톡히 해냅니다.

배경 이미지 제거, 누끼 따기

배경 화면 제거할 수 있는 사이트로 인물이나 강조하고 싶은 이미지의 배경을 없애주는 역할을 합니다.

구글 트렌드와 Sometrend

콘텐츠를 만들어야 하는 N잡러인 경우, 항상 트렌드에 밝아야 합니다. 세상의 변화에 관심을 가지고, 사람들이 관심거리가 무엇인지 알기 위해 트렌드 분석 과정을 거칩니다. 그때 도움을 받을 수 있는 사이트가 〈구글 트렌드〉와 〈Sometrend〉입니다. 실시간 인기 검색어부터 최신 트렌드까지 사람들의 관심사를 한눈에 알아볼 수 있는 고마운 사이트입니다.

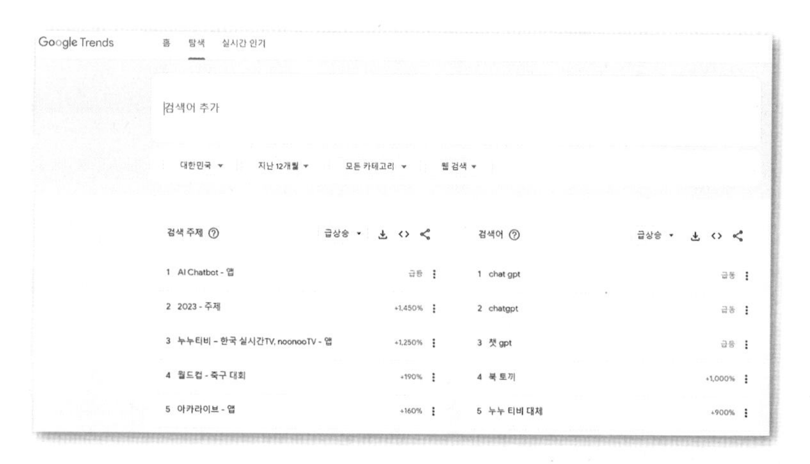

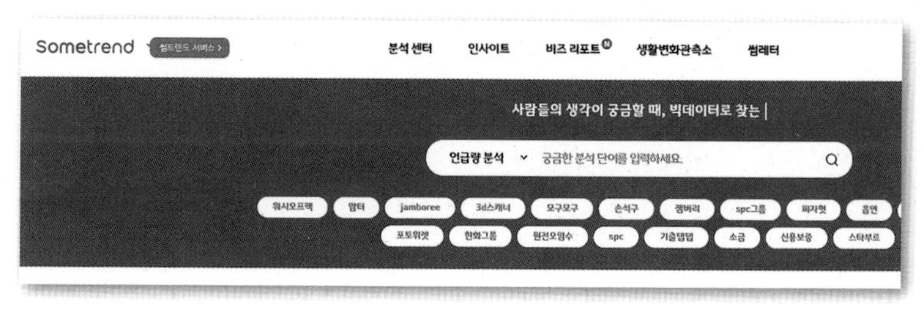

무료 이미지 다운로드 가능한 픽사베이와 언플래쉬

다양한 채널에서 활용할 직접 찍은 사진이 없다면, 무료 이미지를 다운로드할 수 있는 〈Pixabay〉와 〈Unsplash〉의 도움을 받으세요.

SEND ANYWHERE

대용량 파일을 무료로 전송해 주는 사이트가 있습니다. 〈SEND ANYWHERE〉를 활용하면 대용량 파일을 시간, 장소에 구애받지 않고 전송할 수 있습니다.

캐시노트

매입, 매출 관리를 도와주는 앱입니다. 전문 회계 직원 없이 혼자 매출 관리를 하기 위해 필요한 앱입니다.

이처럼 다양한 사이트나 앱을 잘 활용하면 무엇이든 손쉽게 작업할 수 있습니다. 모든 것이 온라인에서 가능한데 사무실도 굳이 필요 없습니다. 똑똑하게 앱만 잘 활용해도 전문가적인 솜씨를 발휘할 수 있습니다.

제11장 전공실기 7

온라인 컨설턴트 실무:전공 활용법

컨설턴트 심화 전공 정하기

대학 생활을 기억하시나요? 어렵게 입시 경쟁을 뚫고 들어간 대학교에서 전공을 4년이나 배웁니다. 그 배움도 부족하다고 느껴지면 대학원에 가서 석사 학위를 받기도 합니다. 적어도 4~6년 정도 전공을 배우고 난 후, 사회에 나와 실제로 써먹을 수 있는 사람이 몇 명이나 될까요? 아쉽게도 대학교 전공과 사회진출의 진로는 무관한 경우가 많습니다.

2021년 2월, 한국 교육 개발원(KEDI)의 연구 보고서에 따르면, 대졸자 중 52.3%는 전공과 전혀 무관한 직업을 선택하는 것으로 알려졌습니다. 지금 부모 세대도 그랬지만, 취업을 앞둔 현재 대학생들의 상황도 나아지지는 않았습니다.

여러 이유가 있겠지만 대학에서 공부한 내용이 사회생활을 하는데 그렇게 영향을 미치지 않는 것으로 보입니다. 오히려 사회생활을 시작하고 일을 하면서 배우는 것이 훨씬 전공 실무에 가깝다고 할 수 있습니다. 대학 졸업 후 10년 정도가 지나면 대학에서 배운 전공은 큰 의미가 없어집니다. 이미 장기 기억 속에서 대학 때 배운 내용을 담아 두지 못하게 됩니다. 그러니 대학 전공을 살리지 못한다고 혹은 일을 놓은 지 오래되었다 하더라도 걱정하지 않았으면 좋겠습니다. 원점에서 새로운 전공 공부를 시작한다고 하더라도 늦지 않습니다. 지금 세대는 이미 100세까지 롱런해야 하는 시대이기 때문입니다. 그러니 긴 호흡을 가지고 심화 전공을 고르면 됩니다. 다음은 N잡러를 위한 심화 전공 선택하고, 공부하는 방법을 알려드리겠습니다. 심화 전공 선택은 크게 두 가지로 나누어집니다.

이전 경력을 활용하여 전공 분야를 선택하는 경우

이전에 했던 경력을 되살려 다시 심화 학습을 통해 전공을 선택하는 경우입니다. 이런 경우 N잡러로 성장하는 데 시간이 적게 걸리는 장점이 있습니다. 이론적인 공부와 임상 경력을 더 쌓는다는 전공 분야의 경력을 쌓아가기에 좋습니다.

예를 들어 어린이집 교사 10년 차 경력을 쌓은 후 잠시 일을 쉬었다고 생각해 보겠습니다. 유아교육 전문가로서 10년 차의 경력이 확보가 된 경우입니다. 그렇다면 경력을 살려 10년간 겪었던 유아교육 분야에서 알게 된 것들을 하나씩 콘텐츠로 만들어 봐야 합니다. 제아무리 오랜 시간 일을 했더라도 N잡러로 확장하기 위해서는 자신의 커리어를 증명하는 작업이 필요합니다.

이때 나의 심화 전공은 '유아 교육'입니다. 자기 경험을 바탕으로 콘텐츠를 만들면서 추가로 육아서 중심으로 다시 이론 공부를 합니다. 실무 경험에서 알게 된 직접 경험 지식과 책을 통해 알게 된 간접 경험 지식을 체계적으로 정리합니다. 10년의 실무 경험에 다양한 이론적 지식이 합쳐져 심화 전공자로 거듭날 수 있습니다.

이전 경력을 살려 심화 전공을 정하는 경우 다른 사람보다 훨씬 유리한 입장에서 시작할 수 있습니다. 반대로 이전 경력이 자기 적성과 맞지 않았을 때, 또다시 적성과는 무관한 일을 지속해야 할 수 있습니다. 예전에 일을 했을 때를 떠 올리며 내가 그 일에 금전적 보상과 더불어 성취감을 느꼈는지에 대한 고찰이 필요합니다.

N잡러는 대부분 혼자 많은 일을 처리해야 하므로 업무 강도가 높습니다. 그 때문에 일을 하는 자신에게 끊임없이 동기부여를 해야 유지가 가능합니다. 그런 동기부여는 일이 주는 성취감에서 얻을 수 있습니다. 나의 이전 경력이 금전적 보상과 성취감을 주었던 일이라면 그 업무 경력을 살려 심화 전공을 했을 때 시너지는 두 배가 될 것입니다.

새로운 전공 분야를 선택하는 경우

이전 경력과는 무관하게 새로운 분야를 공부하는 경우입니다. 첫 번째보다는 다소 시간 투자가 많이 되어야 합니다. 관심 분야를 정한 후 관련 분야에 대해 심도 있게 공부해야 합니다. 심도 있는 공부란 대학에서 하는 전공 공부하는 것과 유사합니다. 한 분야에 대해 폭넓은 지식을 겸비해야 함은 물론 깊이도 중요합니다.

예를 들어 저의 교육생 P는 직장 생활을 하면서 관심 분야인 꽃꽂이를 배우기 시작했습니다. 취미로 시작한 꽃꽂이에 점점 재미가 들렸습니다. 몇 년간 지속해서 꽃꽂이를 배운 후 플로리스트 자격증까지 땄습니다. 그 후에는 샵을 오픈했고, 지금은 자신만의 소규모 클래스를 론칭하여 강사가 되었습니다.

P는 전형으로 새로운 분야를 전공 분야로 만들어 공부한 사례입니다. 인문계열 대학 전공자인 그는 회사에서는 경영지원 분야에서 일을 하고 있습니다. 그러나 전혀 색다른 전공 분야를 개척했습니다. 이런 경우가 배움을 통해 새로운 심화 전공 분야를 선택한 경우입니다.

새로운 분야로 심화 전공을 선택할 때 가장 먼저 고려한 점은 자신의 '흥미'와 '적성'입니다. 대학 졸업 후 두 번째 혹은 세 번째 전공을 정해야 하는 경우 그 전공으로 자신만의 커리어를 만들어야 합니다. 그렇기 때문에 자신에게 흥미가 있는지 적성에 맞는지를 살펴보고 정해야 합니다. 흥미가 없거나 적성에 맞지 않으면 또다시 포기하게 될 가능성이 높고 그러려면 여러 시행착오를 거칠 수밖에 없습니다. 전혀 새로운 분야로 심화 전공을 선택할 때는 다양한 탐색 활동을 통해 경험치를 먼저 쌓은 후 직업으로 전환할 수 있는지를 생각해 보는 시간을 가지시기 바랍니다.

두 가지 심화 전공은 자신의 상황에 맞게 결정하면 됩니다. 자신만의 심화 전공을 선택할 때 주의할 점은 장기적인 안목입니다. 나의 심화 전공이 미래에도 꾸준하게 수요층이 있는 일인가를 생각해 봐야 합니다. 과거에 인기 있었던 전공과목이 현재에는 비인기 과목일 수 있습니다. 지금 실력을 쌓아 앞으로 그 전공과목으로 나만의 커리어를 만들어 가야 합니다. 따라서 지금 시작하여 1년, 3년, 5년을 바라볼 때 수요층이 존재하고, 나만의 경쟁력으로 승부수를 던질 수 있는지를 판단하는 것이 중요합니다. 그런 긴 안목을 가지고 준비해야 전공자에서 준 프로, 준 프로에서 프로로 성장할 수 있습니다.

N잡러로 성장하기 위해 필요한 심화 전공은 자신의 전문성을 증명해 주는 뿌리가 됩니다. 보통 N잡러는 하나의 뿌리에서 가지치기 형식으로 뻗어 나가기 때문에 심화 전공을 선택할 때 신중할 필요가 있습니다.

N잡러는 오직 자신만의 실력으로 세상에 도전해야 합니다. 땅에

단단하게 뿌리를 내린 나무가 강풍에도 쓰러지지 않듯이 탄탄하게 쌓아 올린 전공 공부가 필요합니다. 나의 전문성을 기반으로 하나씩 직업이 확장될 때 다양한 파이프라인으로 연결됩니다. 그 점을 기억한다면 나만의 심화 전공을 선택하기가 어렵지 않을 겁니다.

심화 전공으로 세상과 공유하는 법

'현실에 적용하지 못하는 지식은 죽은 지식이다'

우리는 어릴 적부터 시작하여 20년 넘는 세월 동안 끊임없이 공부했습니다. 대학도 모자라 대학원까지 포함하면 30년을 지식 쌓기에 투자합니다. 아쉽게도 세상에는 자신이 공부한 지식을 활용하지 못하는 사람이 대부분입니다. 대학교 전공을 살려 직업화하는 경우도 희박합니다. 어른이 되어 다시 심화 공부를 시작한다면 하나하나 현실에 적용하며 차근차근 세상과 공유를 해 봐야 합니다.

공부는 인풋 하는 과정입니다. 최종 목표인 아웃풋을 하기 위해서는 반드시 거쳐야 하는 필수 단계죠. 문제는 공부로만 끝이 나는 경우입니다. 인풋만 몇 년을 하고는 그 지식을 현실에 적용하여 활용하지 못한다면 죽은 지식으로 끝나 버립니다. 따라서 심화 전공을 선택하여 충분하게 공부했다는 생각이 든다면, 하나씩 아웃풋 하는 연습을 해 봐야 합니다.

하지만 인풋을 아웃풋으로 바꾸는 일은 생각보다 쉽지 않습니다. 대학교처럼 중간고사나 기말고사를 통해 나의 실력을 테스트할 수도 없습니다. 배움이 어느 정도 소화되었는지 얼마만큼이나 나의 지식으로 흡수됐는지 스스로 파악하기도 어려운 일입니다.

따라서 우선 성인이 되어 선택한 전공 공부 과정에서 자신이 어느 정도 이해하고 있는지 셀프 테스트 과정을 거쳐야 합니다. 그 후에는 본격적으로 세상과 공유하며 나의 실력을 검증하는 과정을 진행하는 것이 좋습니다. 다음은 아웃풋으로 이어지는 전공과목 공부법과 셀프 테스트하는 방법입니다.

1단계: 전공 관련 도서 100권의 목록을 수집합니다.

앞서 내가 하고 싶은 일과 관련된 전공을 선택했다면, 관련 도서 100권의 목록을 수집합니다. 관련 분야의 경험자가 쓴 책과 전문가들이 쓴 책을 모두 수집하여 100권의 목록을 만드세요. 이 책은 앞으로 전공 공부를 하는 1~3년이라는 시간 동안 깊이 있는 공부를 하기 위해 꼭 필요한 과정입니다.

2단계: 100권의 목록 중 선별하여 20권을 고릅니다.

20권의 책은 저자의 전문성을 고려하여 꼼꼼하게 선별합니다. 해당 분야의 권위자 혹은 전문성을 인정받은 저자의 책을 중심으로 20권을 고릅니다. 20권은 나의 심화 전공책으로 꼼꼼하게 분석하며 읽어야 할 책입니다. 나머지 80권은 참고도서로 전공 도서 외에 필요한 지식을 보강하거나 추가 지식이 필요할 때 볼 책으로 선정합니다.

3단계: 20권의 전공 관련 도서를 읽고 메모하기

100여 권의 목록 중 꼼꼼하게 선별한 20권의 책을 읽기 시작합니다. 한 분야의 책을 100권 정도 읽으면 그 분야에 인사이트가 생깁니다. 그러나 책을 읽을 때 그냥 수동적인 자세로 읽으면 아무리 많은 책을 읽는다고 해도 지식이 내 것으로 흡수되지 않습니다. 따라서 선별한 20권의 전공 서적만큼은 분석하여 읽으면서 메모하는 습관을 들입니다. 중요한 문장이나 내용을 메모하면서 책을 읽습니다.

4단계: 한 권의 책을 읽고 챕터별 요약하기

한 권의 책을 나의 것으로 소화하기 위해서는 요약 연습도 필요합니다. 책을 읽고 나서 챕터별로 내용을 요약해 보세요. 요약할 때는 다시 한번 책을 훑어보면서 핵심 내용 위주로 정리합니다. 그 후에 책의 내용을 요약하면 훨씬 책의 내용을 잘 흡수할 수 있습니다. 이 단계에서는 독서 노트를 활용하거나 한글 또는 워드 프로그램으로 입력하면서 정리합니다.

5단계: 콘텐츠로 만들어 봅니다.

지금까지 책을 읽고, 메모로 한번 내용을 정리했습니다. 그 후에는 챕터별 요약을 통해 자기 것으로 만드는 연습을 거쳤습니다. 마지막 단계는 챕터별 제목만 보고 내용을 유추하거나 읽었던 내용을 떠올리면서 콘텐츠화하여 아웃풋 하는 연습을 합니다. 이때 중요한 것은 책의 내용을 고스란히 인용하는 것이 아니라, 내가 소화한 내용을 나만의 어휘로 정리하는 겁니다. 그러면 내가 그 책 내용을 어느 정도 이해했는지 셀프 테스트할 수 있습니다.

마지막 단계는 자신이 배운 내용을 콘텐츠로 만들어 보며, 내가 공부한 내용을 얼마만큼 이해했는지 스스로 시험할 수 있습니다. 이 단계에서는 블로그나 브런치, 포스트를 활용하여 글을 길게 써 보는 연습을 합니다. 자신의 글쓰기 실력이 향상될 뿐만 아니라 알고 있는 내용을 정리함으로써 책의 내용을 더 많이 흡수할 수 있습니다.

이때 책의 내용만을 정리하는 것이 아니라 자신의 감상이나 의견 등을 첨부해야 합니다. 내 생각이 들어있지 않은 콘텐츠는 책의 내용을 그대로 인용하여 쓰는 것과 별반 다르지 않습니다. 내가 배운 심화 전공 내용을 콘텐츠로 만들 때는 '자신만의 어휘' '내 생각 쓰기'가 병행되어야 한다는 사실을 잊지 마세요.

시간적인 여유가 더 있다면 썼던 내용을 영상이나 오디오 콘텐츠로 콘텐츠로 만들면서 말하는 연습을 해 보세요. 글쓰기와 말하기는 하나의 뿌리에서 나옵니다. 그 뿌리는 '생각'입니다. 내가 얻은 지식이나 정보에 자기 생각을 더 해 쓰는 것이 '글쓰기'입니다. 글쓰기를 하며 자기 생각을 정리해 보는 것은 내가 알고 있는 지식과 정보를 아웃풋 하는 작업입니다. 이처럼 말하기도 '생각'을 뿌리로 둡니다. 말을 잘하는 사람은 말 잘하는 스킬이 좋다기보다는 생각하는 힘이 강한 사람입니다. '생각'을 말로 표현한 것이 '말'이기 때문입니다.

글쓰기와 말하기의 뿌리인 생각은 내가 이제까지 접했던 경험과 지식으로 만들어집니다. 즉 좋은 생각을 하기 위해서는 알고 있는 지식이 많거나 경험치가 풍부해야 합니다. 지식과 경험을 융합하여 더 창의적인 생각, 남들이 생각해 내지 못한 생각을 할 수 있기 때문입니다.

나의 심화 전공을 '콘텐츠'로 만들 수 있다는 것은 지식과 정보가 '자기화' 과정을 거쳐 글쓰기 혹은 말하기로 아웃풋 된다는 의미입니다. 따라서 심화 전공 공부를 했다면 공부한 내용을 글쓰기와 말하기를 통해 세상과 공유하는 연습을 해야 합니다.

공부한 내용을 콘텐츠로 만든다는 것은 씨앗을 뿌리는 것과 같습니다. 내가 세상과 공유하는 콘텐츠가 지금 당장은 수익을 안겨주지 않을 수도 있습니다. 콩 심은 데 콩 나고, 팥 심은 데 팥이 납니다. 뿌린 대로 거두는 것이 삶의 이치입니다. 씨앗을 심지 않으면서 수익을 바라는 것은 농부가 씨를 뿌리지 않고 수확하기를 바라는 마음과 똑같습니다.

N잡러가 되길 원한다면 심화 전공과목을 공부하며 얻은 지식을 콘텐츠로 만들어 세상과 공유하는 연습을 해야 합니다. 오늘 뿌린 나의 씨앗이 나의 전문성이 되고, 전문성을 인정받으면서 커리어가 됩니다. 하나의 커리어가 인정받으면 그다음 커리어로 만드는 것은 어렵지 않습니다. '현실에 적용하지 못하는 지식은 죽은 지식이다'라는 말을 다시금 새겨 보시길 바랍니다.

전문 컨설턴트로 성장하는 팁

하루가 멀다고 세상은 변화하고 있습니다. 앞서 이야기했듯이 전문가를 바라보는 인식도 크게 달라졌습니다. 나의 심화 전공을 콘텐츠로 만들어 세상과 공유하는 연습을 했다면, 이제는 본격적으로 전문 컨설턴트로서 성장해야 하는 단계로 진입해야 합니다.

단지 콘텐츠로 만들어 자신의 지식이 견고함을 증명하는 것만 가지고는 전문가로서의 경력을 쌓고 인정받기에는 부족합니다. 그렇기 때문에 일정 분야의 사회 전공을 선택하고 공부를 한 후에 그것을 자신 있게 콘텐츠로 만들 수 있다면 그다음에는 세상과의 공유가 아닌 거래를 시도해야 합니다. 여기서 거래란 나의 전문성에 대한 정당한 대가를 받는 것을 말합니다. N잡러는 하나의 직업에서 시작하여 전문성을 인정받고 여러 부캐릭터로 움직여 나가야 하기 때문입니다.

자신의 채널*(블로그, 브런치, 포스트 등)*을 통해 배웠던 지식이나 경험을,

글을 써서 콘텐츠로 표현하셨나요? 그 작업을 최소 6개월 최대 1년까지는 지속해야 합니다. 지속하면서 자신의 글을 좋아하는 사람들을 모으세요. 일정 기간 자신의 글에 신뢰를 갖는 사람들이 생겼다면 이제부터는 나의 심화 전공 분야로 컨설턴트로 도전해 보겠습니다. 전문 컨설턴트는 다음과 같은 방법으로 레벨업하면서 성장합니다.

첫 번째, 무료 상담 단계입니다. 내가 그 분야에 아무리 자신이 있다고 할지라도, 사람들이 그 실력을 믿고 인정하게 해야 합니다. 거래는 상호 간의 신뢰를 바탕으로 이루어집니다. 나에게 기꺼이 상담료를 지불하여 문제를 해결하고 싶은 사람이 있다고 할지라도 제공하는 사람을 신뢰하지 않으면 거래가 진행될 수 없습니다.

그렇다면 내가 이미 준비된 사람이라는 것을 어떻게 증명할까요? 바로 무료 상담입니다. 무료 상담이라고 해서 대충하거나 무료 상담을 요청한 사람을 무시해서는 안 됩니다. 유료 상담과 똑같이 정성을 다하여 만족감을 느끼게 해야 합니다. 단 무료 상담을 할 경우 최대한 고객 만족을 이끌어 상담 후기를 쓰도록 유도해 보세요. 또한 무료 상담은 일정 기간 한정이나 혹은 고객의 수를 정하여 진행함으로써 이후에는 유료화한다고 공지해야 합니다.

두 번째, 서서히 유료 상담을 시작합니다. 무료 상담 기간 내에 일정 고객에게 만족할 만한 상담을 제공한 후 고객 후기를 받았다면 그 이후에는 약간의 상담료를 책정하여 유료 상담을 진행해 봅니다. 유료 상담이 처음부터 쉽지 않을 수 있습니다. 아직 우리나라 사람들의 정서상, 의료나 법률, 심리 상담을 제외한 상담에 돈을 지불하는 것에 어색해합니다. 이 말은 내가 어떤 한 분야에 유료 상담을 하기 위해서는 그에 상응하는 실력을 갖췄다는 것을 증명해 내야 합니다. 그래야 무료 상담에서 유료 상담으로 전환할 수 있습니다. 또한 이 단계에서는 가격 경쟁력을 둠으로써 낮은 가격에 우수한 상담 서비스를 받았다는 인식이 자리가 잡혀야 합니다.

세 번째, 다회차 컨설팅으로 횟수를 늘려갑니다. 보통 상담은 일회성으로 끝나는 경우가 많이 없습니다. 한 사람이 가진 문제가 한두 시간의 상담으로 해결될 수가 없습니다. 따라서 일회성으로 상담을 받았던 사람들이라도 문제의 해결책을 발견하지 못할 수 있습니다. 아니면 심리적 어려움이 해소되지 않을 수 있습니다. 이런 경우를 대비하여 컨설팅 횟수를 늘려가는 방식을 고려해 봅니다.

네 번째, 코칭 프로그램을 개발합니다. 보통 상담의 회기는 2~3회 정도로 진행합니다. 이 정도 컨설팅을 진행하면 많은 부분이 해결 가능합니다. 그러나 이렇게 2~3회 상담을 진행한 이후에도 더 원하는 고객이 있거나 만족할 만한 결과물이 나오길 원하는 경우도 생깁니다. 이런 고객은 높은 단계의 서비스를 원하는 경우입니다. 이런 분들을 위해 코칭 프로그램을 개발하여 한 차원 높은 서비스를 개발할 필요가 있습니다.

전문 컨설턴트로 성장하는 방법은 의대생이 전문의로 발전하는 과정과 유사합니다. 의과대학 학생들은 학부생을 거쳐 인턴, 레지던트, 그 후에는 전문의가 됩니다. 인턴, 레지던트 기간에도 공부와 병행하며 실무를 배웁니다. 사람의 생명을 다루는 일이기에 이론적 공부와 실무 경험 모두 필요합니다. 전문 컨설턴트도 의사와 똑같습니다. 자신의 전문 지식을 바탕으로 사람들의 문제를 해결해 줘야 합니다. 따라서 공부할 때는 학부생의 신분으로 공부하고 전문 콘텐츠를 발행하는 기간으로 삼아야 합니다.

그 이후에는 인턴 기간으로 세상과 거래하지만, 무료 상담을 통해 실무 경험을 쌓는 시간이 필요합니다. 보통 이 시기를 '돈은 안 벌리고 고생만 하는 시기'라고 합니다. 이런 시기는 누구나 겪습니다. 그러나 잘 버티지 못하고 포기하기 때문에 자신의 전문성에 가치가 부과되지 않습니다. 인턴 시기를 견디는 지혜가 필요합니다. 이제까지 배웠던 이론을 실무에 쓸 소중한 기회의 장으로 생각하는 것이 이 시기를 참아내는 비결이 될 것입니다.

또한 의사들의 레지던트 시기가 전문 컨설턴트에게는 유료 상담 시기입니다. 이때에도 꾸준하게 공부하면서 실무 상담을 통해 자신의 실력을 더 쌓아야 합니다. 유료 상담을 하게 되면 더 다양한 사례를 접하게 됩니다. 이 기간에 데이터베이스(D/B)를 쌓는 시기로 삼아 여러 상담 사례를 듣고 분석하면서 케이스 스터디를 하는 마음으로 최선을 다해야 합니다.

본격적으로 다회차 상담 프로그램이나 코칭 프로그램을 만들어 세상과의 거래가 시작되는 단계가 바로 전문의처럼 전문 컨설턴트로 인정을 받게 되는 때입니다. 이제까지 공부하고 실무 상담 경험에서 익혔던 내용을 총동원하여 자신의 실력을 발휘해 보세요.

여기서 주의할 점은 컨설팅 분야인 경우라면 컨실팅을 받아보기 전까지는 그 효과를 알 수 없다는 점입니다. 나의 고객들이 컨설팅받기까지 많이 고민하게 됩니다. 따라서 자신의 전문성 입증은 앞서 언급한 대로 꾸준하게 공부했던 내용을 콘텐츠로 증명하는 단계를 거쳐야 합니다. 그뿐만 아니라 자신의 인간적인 매력을 보여줌으로써 잠재 고객들에게 신뢰를 주는 것이 중요합니다.

앞으로 컨설팅 분야는 더욱 주목받을 겁니다. 선진국인 경우 의료나 법률, 세무 지식 상담 서비스뿐만 아니라 금융, 보험, 부동산, 진로, 인생 상담 분야도 모두 유료 컨설팅 서비스가 제공되고 있습니다. 일반사람들이 모르는 고급 정보와 지식을 알고 있는 자체만으로도 컨설팅에 큰 가치를 부여할 수 있습니다. 더불어 컨설팅을 통해 타인의 시간을 단축해 주는 전문적인 분야입니다.

여기서 기억할 점은 컨설턴트로 처음 시작할 때 어렵게 접근하면 안 됩니다. 전공 공부를 마쳤다면 일단은 무료라도 실전에서 활용하면서 적용해야 합니다. 지식을 실전에 적용해야 실력이 늘어납니다. 실력이 늘어야 유료 컨설팅이 가능한 단계까지 성장할 수 있습니다. 그러니 자신이 전공 공부를 충분히 했다고 판단되면, 실전 컨설턴트 인턴을 통해 자신이 한 분야의 전문가임을 입증해야 합니다. '아직 때가 아닌 것 같아'라고만 생각하면 공부만 하다가 끝나 버립니다. 이론을 삶에 적용하여 나의 것이 되기 위해서라도 30~40퍼센트 정도 준비되었다면 바로 컨설팅을 시도해야 합니다.

시간은 나를 기다려 주지 않습니다. 그러니 차근차근 쌓아 올린 나만의 콘텐츠를 바탕으로 컨설턴트의 길을 한 걸음 내디뎌 보세요. 그 길이 또 다른 길로 안내할 겁니다.

제12장 전공실기 8

책 출판 실무 : 실전 작가되기

책 콘셉트 정하는 법

AI가 아무리 발달한다고 해도 인간을 대체할 수 없는 것이 몇 가지 있습니다. 감성, 스토리, 저작권입니다. 감성은 인간만이 가질 수 있는 특권입니다. 인간은 동물과는 달리 감성이 발달했기에 문화가 생겨나고 문화가 자본으로 발전할 수 있었습니다. 인간이 만든 AI는 각자의 스토리가 없습니다. 만들어진 기계일 뿐입니다. 그러나 사람은 각자 살아온 배경이 다르고 살면서 겪은 수많은 이야기가 있기 때문에 각자의 스토리가 존재합니다. 많은 것을 ChatGPT가 대체할 수는 있지만 저작권까지 가져갈 수 없습니다. 저작권은 인간이 창작한 저작물에 부여되는 가치입니다. 감성, 스토리, 저작권 이 세 가지를 모두 필요로 하는 것이 책입니다.

고대 동굴에 새겨진 그림을 시작으로 활자가 만들어지고 인간은 끊임없이 역사를 글로 남겼습니다. 우리가 역사와 문화를 공부할 수 있는 이유는 옛날부터 이어져 내려온 문자로 기록된 책 덕분이었습니다.

요즘처럼 유튜브와 숏폼 등 영상이 발달한 시대라 할지라도 결국 기록하고자 하는 본능이 있는 한 종이책은 사라지지 않을 것으로 보입니다. 독자의 입장에서도 짧은 영상보다 긴 호흡으로 사유할 시간을 주는 책의 수요는 계속될 것입니다. IT가 가장 발달한 미국에서도 오히려 종이책 판매가 더 잘됩니다. 아이디어와 기술을 기반으로 IT는 새로운 프로그램으로 발전해 왔습니다. 아이러니하게도 IT 개발에 필요한 인사이트를 주는 것이 바로 책이기 때문입니다.

책을 써야 하는 이유는 차고 넘칩니다. 개인의 경쟁력을 더욱 갖춰야 하는 미래 시대에 책 쓰기는 자신의 전문성을 증명해 주는 하나의 도구가 됩니다. 그뿐만 아니라 타인과 구별 짓고 높은 경쟁 우위를 선점하고자 할 때도 책은 강력한 무기가 될 수 있습니다.

즉 퍼스널 브랜딩을 하고자 한다면 결국에는 책 쓰기를 해야 합니다. 앞서, 블로그, 브런치, 포스트 등을 통해 글쓰기를 익혔다면 본격적으로 책 쓰기를 준비해야 합니다. 시작이 무엇이든 간에 N잡러의 종점은 책 쓰기라는 것을 기억하셔야 합니다.

책 쓰기는 글쓰기와는 다릅니다. 글쓰기는 일기, 기사문, 블로그 글, 브런치 글, 칼럼 등 그 분야가 다양합니다. 대가를 받지 않고 쓰는 글쓰기도 있고, 감정 절제가 되지 않은 글도 있습니다. 책 쓰기는 한

마디로 말하면 대가를 받고 파는 상품화된 글쓰기라고 할 수 있습니다. 16,000~20,000원 정도의 가격에 독자에게 읽히는 글을 써야합니다. 그러기 위해서 가장 필요한 것은 '기획'입니다. 세상에 존재하는 모든 상품은 상품기획을 통해 만들어졌습니다. 시장조사, 수요층 분석, 고객 니즈를 파악하여 그들이 필요한 것을 도출해 내고 아이디어를 만들어 내는 과정이 기획이라고 할 수 있습니다.

책 쓰기도 일반 상품 기획과 똑같습니다. 독자에게 돈을 받고 팔아야 하는 책을 쓰기 위해서는 기획 단계를 거쳐야 합니다. 책의 기획 단계에서는 콘셉트를 정합니다. 저자가 하고 싶은 말, 혹은 쓰고자 하는 주제가 곧 책의 콘셉트가 됩니다. 책 쓰기에서 가장 큰 비중을 차지하는 것이 바로 책의 콘셉트입니다. 그렇다면 책의 주제는 어떻게 정해질까요?

책을 기획하기 위해서는 다양한 것을 고려해야 합니다. 우선은 책을 쓰는 저자의 스토리입니다. 저자가 어떤 인생을 살았고, 어떤 이야깃거리나 전문성이 있는지를 파악해야 합니다. 저자를 파악하기 위해서는 다양한 것들을 고려해야 합니다. 그들의 직업, 전문성, 삶의 스토리, 강점, 성과를 이루었던 일처럼 여러 방면의 것들을 생각합니다. 다음은 직업별로 분류한 책의 콘셉트를 정하는 방법입니다.

직장인인 경우

직장인이라면 내가 하는 일과 관련된 주제가 좋습니다. 현장에서 일하면서 쌓은 실무 경험과 겪었던 일들은 모두 좋은 사례가 됩니다. 내가 만약 공무원이라면 공무원들에게 알려주고 싶은 처세서, 워킹맘이라면 워킹맘으로 살아가기 위해 애썼던 분투기, 회사의 리더로서 자리를 잡았다면 실무 조언, 일 잘하는 법과 같은 책의 주제를 정해보세요.

강사인 경우

이미 강사로서 활동하고 있다면 자신이 하는 강의 주제에 대해 책을 써 보세요. 강의 분야로 이미 많은 경험치가 있다면 강의안을 중심으로 더 많은 자료를 찾고 체계화시킵니다. 강사라면 강의 주제를 책으로 펴내면 더욱 전문성을 인정받을 수 있고 몸값도 올라갑니다.

전문직인 경우

만약 전문 분야에 일을 하는 사람이라면 나의 전문 분야와 관련된 주제의 책을 써 보세요. 디자이너로서 일을 하고 있다면 디자이너로 성장하게 된 스토리를 담아 직업 관련 책을 쓰거나, 디자인 분야의 실용서를 쓰면 자신의 전문성을 증명할 수 있습니다. 전문직이 책을 쓰면 강연이나 방송 출연 등으로 커리어를 확장하기가 더욱 쉽습니다.

전업주부인 경우

전업주부라고 책을 쓰지 못할 법은 없습니다. 전업주부지만 아이를 키우는 철학이 남다르다면 육아서를 쓸 수 있습니다. 나의 육아 경험은 아이를 키우는 후배 엄마들에게 알토란같은 정보가 됩니다. 재테크 경험 또한 좋은 주제입니다. 재테크는 엄마 독자들이 특히 좋아하는 주제로 잘 쓰면 책을 내고 재테크 강사로 데뷔할 수도 있습니다.

육아서나 재테크의 경험이 부족한 경우, 삶의 지혜를 담은 에세이나 엄마 독자들을 위한 자기계발서도 좋습니다. MZ 세대를 겨냥해 공감을 주는 에세이, 자기계발서로 후배 엄마들에게 동기부여를 해 주세요. 나의 성장 경험과 작은 성공은 많은 엄마에게 큰 동기부여가 될 수 있습니다.

최근 SNS가 발달하면서 자기 자신을 PR하는 것이 훨씬 쉬워졌습니다. 환경의 변화에 따라 책 쓰기도 과거에 비해 대중화되었습니다. 과거에는 일부 전문직, 학자, 교수, 성공한 사업가와 같은 직군들이 책을 썼다면 요즘은 다릅니다. SNS 발달로 독자층은 더욱 세분되었습니다. 사람들은 다양한 이야기에 관심을 가집니다. 동네 골목 식당에서 판매 실적이 좋은 사장님도 책을 쓸 수 있습니다. 자연 육아를 선택했다면 자연 육아에 대한 책을 쓸 수도 있고요. 그만큼 독자들이 원하는 니즈가 다양해졌습니다.

문제는 '책은 아무나 쓰나?'라는 편견입니다. 처음부터 타고나는 사람은 없습니다. 책을 쓰기로 마음먹고 도전했으며 실력을 갈고닦았기에 작가가 된 사람들이 더 많습니다. 혼자 쓰기가 어렵다면 주변의 글벗들을 사귀세요. 그래도 안 써진다면 전문가의 도움을 받으세요. 그리고 방향을 잡고 연습하면 얼마든지 쓸 수 있습니다. 하고자 하는 사람에게는 스승이 나타날 것이고, 지레 겁을 먹고 포기하는 자에게는 똑같은 하루가 주어질 것입니다. N잡러로서 꾸준하게 성장하고 싶다면 마지막에는 책 쓰기에 도전해 보세요. 책 쓰기가 또 다른 직업의 기회의 문을 열어 줄 겁니다.

목차 쓰기

집을 지을 때 가장 먼저 하는 일이 뭘까요? 땅을 매입하는 일입니다. 그다음에는 내가 살고 싶은 집을 설계해야죠. 집을 지을 때 설계 과정에서 집의 구조부터 시작하여 작게는 콘센트의 위치까지 꼼꼼히 결정합니다. 설계도에 따라 공사를 하는 작업은 어렵지 않습니다. 설계도에 나온 대로 진행만 하면 되니까요.

책을 쓰려고 마음을 먹었다면 설계도처럼 목차를 먼저 만들어야 합니다. 목차는 책의 방향성이 흔들리지 않도록 잡아주는 역할을 합니다. 한 권의 책을 긴 호흡으로 쓰다 보면 산으로 가기 쉽습니다. 했던 말을 또 하는 중언부언도 다반사입니다.

만약 구성이 탄탄한 목차가 있다면 책의 방향성을 잡고, 하고 싶은 말만 정리하여 쓸 수 있습니다. 또한 목차는 저자가 말하고 싶은 핵심 콘텐츠를 정리해 주는 역할을 합니다. 쓰는 사람에게는 목차는 빠른 집필을 가능하게 해 줍니다. 읽는 사람에게는 저자가 말하고자 하는 메시지를 한눈에 볼 수 있게 해줍니다. 이렇게 중요한 역할을 하는 목차는 책 쓰기 콘셉트 정하기와 함께 책 쓰기의 80%를 차지한다고 해도 과언이 아닙니다. 원고를 선택하는 출판사 입장에서도 출판 계약을 결정짓는 요소가 콘셉트와 목차입니다. 그러니 목차의 중요성은 아무리 강조해도 지나치지 않습니다. 그렇다면 목차는 어떻게 만드는 것이 좋을까요? 지금부터 목차 만드는 방법을 소개합니다.

목차를 만들려면 우선 전체적인 구성을 먼저 해 봐야 합니다. 이는 '전체 그림 그리기'라고 할 수 있습니다. 내가 만약 책을 쓴다면 어떤 그림을 그릴지를 떠올려 봅니다. 자연풍경을 담은 수채화를 그린다고 예를 들어 보겠습니다. 하얀 도화지에 산을 오른쪽에 그릴지, 가운데에 넣을지, 만개한 꽃의 위치, 돌의 크기와 위치 등 전반적인 스케치 작업을 먼저 합니다. 책 또한 구성할 때 시작은 어떤 이야기로 할지, 중간에는 무엇을 추가할지, 마무리는 어떻게 할지 큰 그림을 그리게 됩니다. 그 후에는 큰 그림에 맞게 차례를 만들어 볼 차례입니다. 차례는 큰 그림으로 구성한 대로 매력적인 문구로 장 제목을 만들어야 합니다.

예시)

chapter 1. 맨땅에 헤딩하기 전에 알아야 할 것

chapter 2. 누구나 시작할 수 있는 1인 기업 이렇게 준비하라

chapter 3. 경험과 지식을 자본으로 만드는 전략 6가지

chapter 4. 지금 바로 따라 할 수 있는 1인 기업 제대로 시작하는 법

chapter 5. 성과로 이어지는 1인 기업 마인드 셋

〈출처: 완벽한 퇴사(우희경, 전민경 저)〉

위와 같이 내가 그린 큰 그림에 따라 저자가 하고 싶은 말을 매력적인 문구로 만들어 큰 '장'으로 구성합니다. 큰 장을 구성할 때 주의할 점은 세부적인 문구보다는 작은 제목을 포괄할 수 있도록 핵심적인 문구를 뽑습니다.

그 이후에는 더욱 세부적인 제목 만들기를 할 차례입니다. 세부적인 제목은 장 제목에서 하고 싶은 말을 구체적인 어휘로 만든 문구라고 할 수 있습니다.

예시)

chapter 1. 맨땅에 헤딩하기 전에 알아야 할 것

1) '나' 브랜드로 단돈 1만 원이라도 벌 수 있을까?

2) 거창하게 시작하면 안 되는 이유

3) 나를 경영하는 것이 먼저다

4) 1인 지식 창업의 기초 체력은 배움이다

5) 양질의 네트워크 구축하기

6) 독립을 하고 싶은 당신에게

〈출처: 완벽한 퇴사〉

위처럼 〈chapter 1. 맨땅에 헤딩하기 전에 알아야 할 것〉에서 저자가 하고 싶은 말을 구체적으로 작게 만들어서 여러 개의 소제목으로 만듭니다. 스스로 카피라이터가 되어 매력적인 문구를 뽑아내는 것이 핵심입니다.

목차의 문구를 만들 때는 추상적인 어휘보다 구체적인 단어를 쓰는 것이 좋습니다. 그래야 책을 읽는 독자가 목차만 봐도 저자가 하고 싶은 말을 유추할 수 있습니다. 또한 목차의 문구에는 키워드를 포함시키고 트렌드를 고려한 어휘도 넣을 수 있습니다. 위의 목차를 예로 들어 보겠습니다.

〈'나' 브랜드로 단돈 만 원 벌 수 있을까?〉라는 문구는 퍼스널 브랜드라는 의미를 가진 '나' 브랜드라는 키워드로 만들었습니다. '나'라는 글자에 포인트를 두어 나라는 사람이 자신만의 이름으로 돈을 벌 수 있는가에 대한 의문을 던진 목차라고 할 수 있습니다. 여기서 '단돈

만 원'은 가장 적은 금액을 상징하고 있습니다. 10만 원, 100만 원이라고 하는 것 보다 '나'라는 사람의 브랜드가 벌 수 있는 것을 강조하기 위해 최소 금액 단위를 넣어서 호기심을 끌었습니다. 〈양질의 네트워크 구축하기〉라는 목차의 문구는 네트워크라는 키워드를 강조한 문구라고 할 수 있습니다. 이 책의 주제가 '퇴사 준비생의 1인 기업 실전서'이기 때문에 독립하기 위해 필요한 네트워크의 중요성을 어필하기 위해 네트워크라는 키워드를 살려 만든 문구입니다.

목차는 단 하나의 문장으로 독자의 시선을 끌어야 합니다. 하나의 문구만 봐도 저자의 메시지를 느낄 수 있거나 책의 내용을 유추할 수 있다면 잘 짜인 목차라고 할 수 있습니다.

그러나 목차 만들기를 처음부터 잘할 수는 없습니다. 그러니 처음부터 잘 안 된다고 실망하지 않아도 됩니다. 많은 공부와 연습이 필요한 과정입니다. 다양한 책을 보며 연구하고 분석하면서 나만의 색깔이 드러난 목차를 만들 수 있습니다.

목차를 완성한 후에도 집필에 들어가기 전에 여러 번의 수정 과정을 거칩니다. 처음 책을 쓴다면 더욱 목차 만들기가 어려울 수 있습니다. 따라서 한 번에 매력적인 목차 만들기를 목표로 하기보다는 여러 번 보면서 계속해서 업그레이드하는 것이 좋습니다. 중복된 내용은 있는지 살피고, 꼭 하고 싶은 말이지만 빠진 내용은 없는지 체크해야

합니다

1차 목차 → 보완 → 2차 목차 완성 → 수정 → 3차 목차 완성 → 재확인 → 4차 목차 확정

보통 초보 작가가 목차를 완성하기까지 3~4번 정도의 수정과 보안을 거칩니다. 이는 마치 도자기를 빚는 것과 유사합니다. 여러 번 정성을 들여 모양과 틀을 잡아가며 도자기를 빚는 것처럼 목차도 여러 번 수정할수록 좋아집니다. 도자기도 모양이 잘 나오지 않으면 다시 빚잖아요. 목차에 시간을 투자하는 일이 자칫 시간 낭비처럼 보입니다. 그러나 공들여 잘 만든 목차는 추후 집필하는 과정에서 시간과 에너지를 상당히 절약해 줍니다. 집을 짓는 설계도도 여러 번의 수정 과정을 거쳐 만들어진다는 것을 기억한다면 목차 만들기가 어렵지만은 않을 겁니다.

실전 원고 집필

아무리 훌륭한 디자인이 있다고 할지라도 그것을 현실에 적용되는 상품으로 활용하지 못하면 소용이 없습니다. 사람들이 갖고 싶어 하는 명품이라도 최고 디자이너의 아이디어를 상품화했기 때문에 명품 가치를 부여할 수 있습니다. 반짝이는 아이디어로 어떤 책을 쓸지 기획하고 그것에 맞게 목차를 구성했다 할지라도 결국에는 세상에 내놓기 위해서는 원고를 작성해야 합니다. 실전 원고 쓰기는 책 쓰기의 마지막 단계로 기획과 목차를 완성한 후 몸집을 만들어 가는 과정입니다.

우선 책을 집필하기 전에 좋은 원고란 어떤 것인지 알아야 합니다. 책을 집필하기 위해 쓰는 좋은 원고란 독자가 읽기에 가독성이 있고, 실제 저자의 사례가 담겨 있는 원고입니다. 책이란 저자의 경험, 생각, 철학, 지식 등을 모두 아우르는 글입니다. 또한 여러 독자가 사서 읽을 수 있도록 판매가 가능해야 합니다. 즉 추후 '책'이라는 상품으로서 가치가 있어야 합니다. 그러기 위해서 예비 저자는 책을 쓰기 전부터 독자를 고려하여 글을 쓰기 시작해야 합니다. 여기서 독자를 고려한 글이 '책 쓰기'라고 할 수 있습니다. 우선 책 쓰기와 글쓰기의 차이점을 짚고 넘어가겠습니다.

글쓰기	책 쓰기
독자가 없어도 무방	책을 읽는 타깃 독자가 있다.
감정이 걸러지지 않아도 무방	다듬어진 글이다.
자유로운 주제로 쓰고 싶은 글을 쓴다.	하나의 테마를 정하고 그에 맞는 글을 쓴다.
자신을 위한 글(일기)이라도 상관없다.	타인(독자)을 위한 글이다.
기획 의도가 없어도 무방	기획 의도가 있다.

위의 도표처럼 글쓰기와 책 쓰기는 확연한 차이가 있습니다. 글쓰기는 작게는 메모 글부터 시작하여 일기, 블로그 글, 기사문, 칼럼 등 대체로 포함하는 범위가 넓습니다. 칼럼이나 기사문처럼 독자를 고려한 글도 있지만, 일기나 메모처럼 독자가 없는 글도 글쓰기의 범위에 포함됩니다. 하지만 책 쓰기는 다릅니다. 명확한 기획 의도가 있고, 책을 읽는 독자를 고려한 글을 써야 합니다. 또한 하나의 테마에 대한 글을 써야 나중에 출간이 가능합니다.

이처럼 책 쓰기는 글쓰기와 다른 성향이 있기 때문에 글을 풀어 가는 방식도 다릅니다. 프리 라이팅(자유 글쓰기) 형식이 아니라 일정한 글의 구조에 맞게 써야 합니다. 그러므로 책을 쓰기 위해서는 기본적인 글의 구조를 익혀야 합니다.

책 쓰기 기본 구조

서론은 글의 도입부입니다. 서론은 영화의 예고편처럼 씁니다. 영화의 예고편은 영화의 전반적인 내용을 유추할 수 있게 하지만 다 보여주지는 않습니다. 관람객이 '무슨 일이 일어 난 거지?'라는 궁금증만 줄 뿐입니다. 이처럼 책을 쓸 때, 서론도 '무슨 이야기를 하려고 하는 거지?'라고 호기심을 끌 수 있게 써야 합니다. 서론은 독자가 글을 끝까지 읽게 하는 장치로 독자에게 궁금증을 유발하도록 쓰는 것이 중요합니다. 즉 후킹(hooking:대중을 낚아챈다는 뜻으로 책을 쓸 때는 독자의 마음을 사로 잡는다라는 의미로 쓰인다) 요소를 넣어 다음에 펼쳐질 이야기를 궁금하게 만드는 기법이 들어가면 좋습니다.

본론 쓰기는 예비 저자가 알고 있는 모든 것의 집합체라고 생각하면 됩니다. 저자가 겪었던 경험, 지식, 생각, 정보 등을 아울러 쓰는 것이 본론입니다. 예를 들어, 이번 챕터의 주제가 '실전 원고 쓰기'입니

서론 → 본론 → 결론

다. 본론에 들어가야 할 내용은 실전 원고를 쓰는 방법부터 시작하여 원고를 쓰기 위해 독자가 알아두면 좋은 내용을 친절하게 알려주는 겁니다. 본론은 저자가 독자에게 알려주고 싶은 내용을 집약적으로 풀어 쓰는 방식으로 씁니다. 그러기 위해서는 저자는 해당 분야에 대해 많이 알고 있어야 합니다. 보통 저자들은 본론을 쓰는 단계에서 정보나 사례 수집을 하여 책의 내용을 풍부하게 만듭니다. 본론을 쓸 때 '나는 독자에게 어떤 내용을 더 알려 주고 싶은가?' '독자는 이 책을 통해 무엇을 알고 싶을까?'를 고민하며 독자에게 필요한 글을 씁니다.

마지막으로 결론 쓰기입니다. 결론 쓰기는 글을 마무리하는 단계입니다. 한 챕터를 정리하고 끝맺음하는 단계의 글입니다. 결론은 저자가 하고 싶은 메시지를 임팩트 있게 전달하는 것이 중요합니다. 글을 읽다가 결론이 흐지부지해지면 독자는 '무슨 말을 하고 싶은 거지?'라는 의문을 품게 됩니다. 따라서 결론을 쓸 때는 저자의 메시지를 분명하게 말해주는 방식으로 전개해 나가야 합니다. 결론을 장황하게 쓰면 끝이 모호해집니다. 그 챕터에서 하고자 하는 말을 짧고 강하게 던져주는 것이 핵심입니다.

이처럼 실전 원고 쓰기를 할 때는 하나의 챕터마다 짜임새 있는 구조로 쓰고 싶은 내용을 전개해 나가야 합니다. 특히 주의할 점은 중언부언한 글이 나오지 않기 위해 일정한 분량을 정해놓고 써야 한다는 점입니다. 1,500~1,800자 혹은 A4 두 장 쓰기처럼 챕터의 분량을 채워가면 횡설수설하지 않고 챕터에 맞는 내용만 채워 나갈 수 있습니다.

한 권 분량의 원고를 써 내려가는 일은 생각보다 쉽지 않을 수 있습니다. 한 권의 책이 나오기 위해서는 A4 100페이지가량이 필요합니다. 긴 호흡의 작업을 해야 하는 상황이 결코 쉬운 일은 아닙니다. 그렇기 때문에 책 출간을 위한 원고 쓰기가 성공적으로 마무리되기 위해서는 세 가지 요소가 필요합니다.

첫째는 목표설정입니다. 실전 원고 쓰기는 초고(처음 쓴 글)를 써 내려가는 과정으로 기간을 정하고 써야 합니다. 보통 초고는 3개월 정도로 잡습니다. 사람의 인내심이나 집중력은 한계가 있기 때문에 3개월이라는 목표 설정을 하고 시작합니다. 3개월 내 완성한다는 생각으로 1주일에 3편 쓰기, 하루에 2시간 쓰기 등 목표를 세부화하면 충분히 3개월 내외에 원고를 완성할 수 있습니다.

두 번째는 마인드 컨트롤입니다. 긴 호흡의 책을 끝까지 쓰기 위해서는 자신을 가다듬고 끈기 있게 밀고 나가는 '마인드'가 필요합니다. 원고가 잘 써지지 않을 때가 있을 때는 좀 쉬었다 가는 지혜도 필요합니다. 중간에 슬럼프를 겪더라도 현명하게 극복해 나가는 것도 마인드 컨트롤입니다. 마인드 컨트롤이 안 될 때는 의식을 확장하는 책을 읽으면서 자신감을 채워 넣으면 도움이 됩니다.

세 번째는 상상력입니다. 보통 첫 책을 쓰는 예비 저자가 책 쓰기를 포기하는 이유는 눈에 보이지 않는 실체에 시간과 노력을 투자해야 하기 때문입니다. 눈에 보이지 않는 것에 시간을 낭비하는 것처럼 느껴지기도 합니다. 그러면서 결국 '책이 나오겠어?'라는 의심의 단계까지 가게 되고 그때 가장 많이 포기합니다. 그럴 때 도움이 되는 것은 '상상력'입니다. 책이 계약되는 모습, 책이 출간되어 축하받는 모습, 교보문고에 책이 진열되어 기뻐하는 장면을 끊임없이 상상하며 자신에게 동기를 유발해 주어야 합니다. 의심을 던져 버리고 매일 출간 된 모습을 상상하며 A4 2장씩 써 내려간다면 어느새 책은 완성됩니다.

책 쓰기는 N잡러에게 자신을 알리는 도구이자, 전문성을 증명하는 무기가 됩니다. 책을 출간하여 작가가 된다면 강연자나 코치로도 확장할 수 있습니다. 그뿐만 아니라 책 쓰기는 자신을 성장시키는 가장 강력한 도구입니다. 책을 쓰는 동안 미처 바라보지 못했던 자기 모습을 객관화시킬 수 있습니다. 자신을 객관화하고 상황이나 사물의 본질을 파악하게 도와줍니다. 그러면서 내적 성장이 일어납니다. 항상 성장하며 앞으로 나아가야 하는 N잡러. N잡러에 도전하고 싶은 분이 계신다면, 책 쓰기를 안 할 이유가 없습니다.

[기말과제]

출판기획안과 목차를 잡아 학과장에게 제출하기

자신이 집필하고자 하는 책의 주제와 목차를 잡고 그것을 토대로 출판기획안을 작성하여 학과장에게 제출합니다.

제목	
기획 의도	
책의 주제	
주요 독자	
유사도서	

목차	
홍보방안	

에필로그

트렌드를 선도하는 N잡 열차에 탑승하라

여기저기서 "100세 시대를 준비하라"고 외칩니다. 한 사람의 인생이 100세를 바라본다는 것은 많은 것을 의미합니다. 우선 건강이 기본이 되어야 합니다. 병들고 무기력하게 보내는 시간보다 어떻게 하면 건강하고 의미 있게 살아갈 수 있을지를 고민해야 하는 때입니다. 우리 인간의 수명은 점점 늘어만 가는데, 쉽게 할 수 있는 일자리는 점점 사라지는 시대에 살고 있습니다. 도대체 어떻게 살면 좋을지 답답하기만 합니다. 현명한 인생 전략이 필요한 이때, 누군가의 조언이 절실합니다.

런던대학교 경영대학원 교수이자 인재론·조직론의 세계적인 권위자 린다 그래튼은 《초예측》이라는 책에서 이렇게 말합니다. 전형적인 교육-일-은퇴라는 3단계 관점으로는 100세 시대를 살기 어렵고, 다단계적인 삶이 펼쳐질 것이라고요. 만약 그렇게 된다면, 유형자산(주택, 현금, 예금)보다 건강, 동료애, 변화 대응력 같은 무형 자산이 훨씬 중요해지리라는 것이 그의 주장입니다. 특히 변화 대응력 측면에서는 재충전과 재교육을 통해 자산을 구축해 나가야 한다고 강조합니다. 그가 말하는 자산이란 생산 자산, 활력 자산, 변형 자산입니다. 즉 나이가 들어도 스스로 생산 활동을 할 수 있는 생산 자산을 만들어 내야만 자연스럽게 활력 자산과 변형 자산이 따라온다는 의미입니다. 이러한 시대에 발맞춰 직업 구조도 다각화 전략을 세울 필요가 있습니다. 하나의 직업으로는 수입 구조도 제한적이지만, 만약 여러 개의 직업으로 활동한다면 퇴사나 퇴직이 더 이상 두려운 일은 아닐 겁니다.

시대 변화에 따라 직업의 선호도도 많이 바뀌었습니다. 과거에 선망이었던 직업도 인기가 시들해졌고, 새로운 직업들이 생겨나고 있습니다. 앞으로도 이러한 직업의 선호도는 계속해서 바뀔 겁니다. 분명한 사실은 지금 우리는 제4차 산업 혁명을 맞이하기 위해 준비를 해야 할 때라는 겁니다.

그런 변화에 유연하게 대응하기 위해, 저는 'N잡러'를 준비하라고 권유합니다. 미래 인재상이 한 사람이 다양한 역할을 수행할 수 있는 슈퍼 개인으로 바뀌고 있기 때문입니다. 이는 비단 회사 밖뿐만 아니라 조직에서 선호하는 인재상까지 영향을 주고 있습니다. 똑같은 월급을 주는 직원이라면 다방면의 재능이 있어, 여러모로 활용할 수 있는 사람을 선호하는 것은 당연한 이치입니다.

조직 밖에서 다능인에 대한 선호는 더욱 심화하고 있습니다. 한 사람이 셀러이자, 강사이고, 유튜버이자, 블로거이며, 컨설턴트 역할까지 할 수 있다면 그 사람은 경쟁 우위에 있게 됩니다. 이는 시대적 변화에 따라, 달라진 인재상이라고 할 수 있습니다.

'N잡러'는 이제 트렌드가 되었습니다. 다행히 소셜 미디어의 발달로 N잡러 도전이 그리 어려운 일이 아닙니다. 과거에는 재능있는 일정 직업군만 가능했던 N잡러에 이제 누구나 도전할 수 있는 열린 시대가 되었습니다. 그러나 어떻게 접근해야 할지 모르는 사람들을 위해 이 책이 'N잡러 지침서'가 되어 줄 겁니다. 방향을 알고 준비하는 사람과 아무 정보 없이 맨땅에 헤딩하는 사람은 몇 년 뒤 성장 측면에서 크나큰 차이를 보일 겁니다.

부디 이 책을 읽는 독자분들은 헤매지 마시고, 차근차근 따라 하면서 준비하시길 바랍니다. 이 책이 여러분의 시간과 에너지를 아껴 줄 겁니다. 자! 이제 N잡러 열차에 탑승할 준비가 되셨나요? 여러분을 열렬히 응원합니다.

N잡러 학과장

우희경